¡En Edinumen nos apasiona el español!

Desde nuestros inicios hace ya más de 30 años, nuestro objetivo ha sido siempre mejorar la experiencia del aprendizaje de español en todo el mundo. Nos enorgullece decir que el cien por cien de nuestros recursos están dedicados exclusivamente a la enseñanza y aprendizaje de español como lengua extranjera y segunda lengua.

Durante todos estos años, hemos tenido el enorme privilegio de trabajar al lado de entusiastas profesionales del español que viven y desarrollan su labor en multitud de países y, por lo tanto, representan realidades diferentes. Así, hemos constatado los cambios que se han ido produciendo y hemos afrontado juntos nuevos retos para lograr el objetivo que compartimos: que los estudiantes que deciden aprender español sean capaces de disfrutar también de un apasionante universo sociocultural y lingüístico tan completo como enriquecedor.

Este reto es hoy especialmente emocionante. Gracias al desarrollo de las nuevas tecnologías, la interacción entre culturas y personas interconectadas desde todos los lugares del mundo es permanente y se produce a un ritmo inimaginable hasta ahora. Los hablantes de español del siglo XXI son interlocutores en un universo compuesto por realidades lingüísticas y culturales muy diversas que se nutren entre sí.

En los últimos años ha habido un intento justificado de integrar en los materiales didácticos muestras de lengua que se asemejen lo más posible a los modelos reales. En este sentido, **Frecuencias** incorpora, por primera vez en un manual de ELE, una extensa muestra de ejemplos extraídos de las bases de datos o corpus* que, siempre al hilo de los contenidos tratados, ilustran variantes de carácter léxico, gramatical o comunicativo con el fin de acercar al estudiante a las diferentes realidades sociolingüísticas hispánicas.

Además, **Frecuencias** se ha desarrollado metodológicamente en dos ejes: el aprendizaje por contenidos y la resolución de tareas que permiten al estudiante poner en práctica los conocimientos adquiridos anteriormente, lo que favorece un aprendizaje activo y eficaz.

Por último, queremos destacar la colaboración entre **Edinumen**, especialistas en ELE, y la **Real Academia Española (RAE)** en la génesis del proyecto, así como el asesoramiento de la RAE en el uso de los corpus y su revisión final del presente trabajo. Sin su ayuda y apoyo este manual no podría haber visto la luz.

Estamos muy ilusionados de presentar este nuevo manual de ELE, que da respuesta a las necesidades de estudiantes y docentes para un aprendizaje real en el siglo XXI.

* Colección de textos de todos los países hispanohablantes en formato electrónico, con varios millones de palabras, que la Real Academia Española (RAE) ha codificado y clasificado y que permiten la búsqueda a través de formas, lemas, categorías gramaticales, zonas geográficas, etc.

Especialistas en ELE

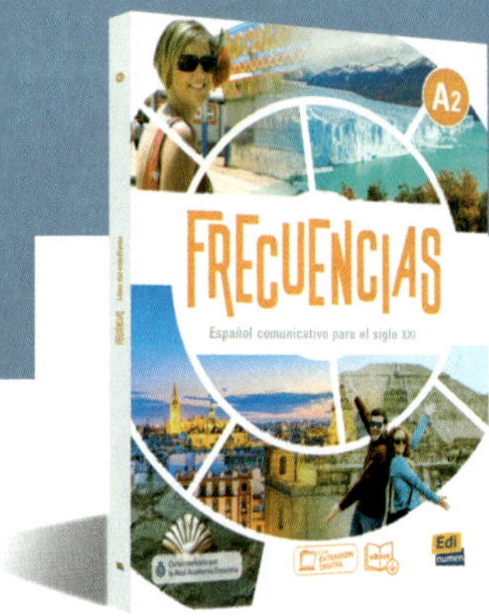

FRECUENCIAS

Frecuencias es el nuevo curso de español que da respuesta a las necesidades de estudiantes y docentes para un aprendizaje real en el siglo XXI.

Frecuencias sigue las recomendaciones del *Marco común europeo de referencia para las lenguas (MCER)* y su sílabo se ha elaborado a partir del *Plan curricular del Instituto Cervantes*.

El curso favorece un aprendizaje **activo**, de manera que el conocimiento de la lengua es **real**, **significativo y adaptado** a las **necesidades** del estudiante.

Una propuesta metodológica eficaz

Frecuencias combina el **aprendizaje por contenidos** con la **resolución**, en una fase posterior, de **tareas** en las que el estudiante tiene que poner en funcionamiento los conocimientos adquiridos previamente. Esta combinación facilita el aprendizaje, ya que los contenidos se van presentando **de manera progresiva** a lo largo de los apartados, de modo que el estudiante, al enfrentarse a las tareas, ha adquirido ya todas las herramientas que necesita para resolverlas con éxito.

Las actividades que se presentan son **significativas social y emocionalmente**, conectan con el estudiante y lo involucran en su aprendizaje. Estas actividades aumentan la **motivación** y favorecen la asimilación de lo aprendido.

La incorporación de los corpus de la RAE: CORPES XXI y CREA

Frecuencias incluye una extensa muestra de **ejemplos reales** extraídos de los corpus de la RAE para mostrar usos auténticos de lengua, con **variantes** que ejemplifican la riqueza lingüística del mundo hispánico, algunas **frecuencias** de uso y **combinatoria** de palabras, así como fenómenos de carácter **gramatical o comunicativo**.

Las muestras se destacan claramente en el manual a través de cuadros estratégicamente colocados junto a los contenidos a los que hacen referencia.

> RAE
> GRAMÁTICA
> En las zonas voseantes de América, el imperativo tiene una forma propia para la persona vos *(hablá, bebé, abrí, empezá, volvé, elegí, tené, hacé, poné, vení, salí, decí...)*: *Empezá vos, por favor./Comé, comé, está muy bueno.*

Una visión global del mundo hispánico

La presencia de aspectos **culturales e interculturales** a lo largo de las actividades, así como en el apartado "Cultura", y la integración destacada de las **variantes hispánicas** facilitan la creación de una conciencia global del mundo hispánico y la adquisición de habilidades de comunicación por parte del estudiante. Todo esto le permite desenvolverse con éxito en una realidad lingüística y cultural tan compleja como la de la comunidad hispanohablante.

Un atractivo y motivador material audiovisual

Frecuencias presenta la serie ***Hostal Babel***, comedia de situación específicamente creada para el manual, en la que, a través de una anécdota y su resolución, se repasan los contenidos de cada unidad. La serie está protagonizada por cinco personajes de distintos países de habla hispana.

Un diseño a doble página que facilita el aprendizaje

Frecuencias aporta un **atractivo y moderno diseño a doble página** que permite presentar los contenidos de manera **motivadora**, **clara y ordenada**, lo que facilita el aprendizaje.

En colaboración con la Real Academia Española (RAE)

La **Real Academia Española (RAE)** es miembro de la Asociación de Academias de la Lengua Española (ASALE), que se formó en México en 1951 y que está integrada actualmente por las veintitrés academias de la lengua española existentes en el mundo (veinte en América, además de España, Filipinas y Guinea Ecuatorial).
Su objetivo es llevar a cabo una política lingüística panhispánica trabajando unidas para conseguir la integridad y el crecimiento de la lengua española.

Entre sus logros cabe destacar la publicación, en coautoría, del *Diccionario de la lengua española* a partir de su XXII edición, la *Ortografía* en sus ediciones de 1999 y 2010, y el *Diccionario panhispánico de dudas* (2005), así como la elaboración de distintas bases de datos o corpus.

Frecuencias es un proyecto desarrollado por **Edinumen** con la colaboración de la **Real Academia Española**. Esta colaboración se ha centrado en dos aspectos:

- por un lado, Edinumen ha tomado en consideración los corpus lingüísticos y bases de datos que la RAE ofrece, así como su conocimiento del uso del español, para el desarrollo del curso;
- por otro lado, el manual ha sido revisado por la Real Academia Española como lingüística, léxica y gramaticalmente correcto.

Los corpus: CORPES XXI y CREA

El **Corpus del Español del Siglo XXI (CORPES XXI)** es un proyecto impulsado por la Asociación de Academias de la Lengua Española (ASALE). Está formado por diferentes tipos de textos de todos los países del mundo hispánico. Reúne un conjunto de 400 millones de formas y palabras, con una distribución de un 70 % de América y un 30 % de España, que aparecen en textos producidos a partir de 2001.

El **Corpus de Referencia del Español Actual (CREA)** está diseñado para proporcionar información exhaustiva acerca de la lengua en un momento determinado de su historia y es lo suficientemente extenso para representar todas sus variedades relevantes. Se compone de una amplia variedad de textos escritos y orales, producidos en todos los países de habla hispana entre 1975 y 2004 y en los que es posible la búsqueda por formas, lemas y categorías gramaticales.

Frecuencias, curso de español revisado por la RAE y que incluye muestras auténticas de los corpus lingüísticos.

Estructura del libro

Cada nivel de **Frecuencias** está compuesto por **diez unidades didácticas** estructuradas en ocho apartados con unos objetivos específicos:

- **presentación** de los contenidos de la unidad;
- activación de los **conocimientos previos** de los estudiantes sobre el tema;
- presentación y actividades para la adquisición de **vocabulario**;
- presentación y práctica de los **contenidos gramaticales**;
- **secuencia comunicativa** para poner en práctica los conocimientos adquiridos, a través de tareas significativas y el **desarrollo de las cuatro destrezas**;
- presentación de **contenidos culturales** relacionados con el universo hispánico;
- actividades de **vídeo** sobre la serie *Hostal Babel*, que presenta en un contexto real y cotidiano los contenidos tratados en cada unidad;
- **evaluación** de lo aprendido y reflexión sobre el aprendizaje.

Los diferentes apartados han sido pensados para que se realicen en **una o dos sesiones** de clase cada uno de ellos, dependiendo de las necesidades y la progresión específica de cada grupo de estudiantes.

Las tareas están diseñadas para trabajar en **diferentes dinámicas: de modo individual**, **en parejas**, **en grupos pequeños y todo el grupo**, fomentando de esta manera el trabajo colaborativo y el intercambio de conocimientos entre los diferentes miembros de la clase. Estas dinámicas aparecen indicadas con las siguientes etiquetas:

En parejas **En grupos pequeños** **Todo el grupo**

Cada nivel de **Frecuencias** viene acompañado de un apéndice de **Pronunciación y ortografía** con diez fichas prácticas que trabajan el componente fonético y ortográfico y que pueden presentarse en clase según las necesidades específicas de cada grupo.

La ELEteca (extensión digital)

La **ELEteca** es una completa **plataforma *e-learning*** con funcionalidades y contenidos digitales que facilitan la enseñanza/aprendizaje de la lengua.

La ELEteca de **Frecuencias** ofrece **actividades interactivas** para la práctica en línea de los principales contenidos de cada apartado de las unidades, todo el **material audiovisual** del curso y una gran variedad de recursos tanto para el estudiante como para el docente.

Para entrar en la ELEteca, regístrate con el código que aparece en el interior de la cubierta en:

https://eleteca.edinumen.es/

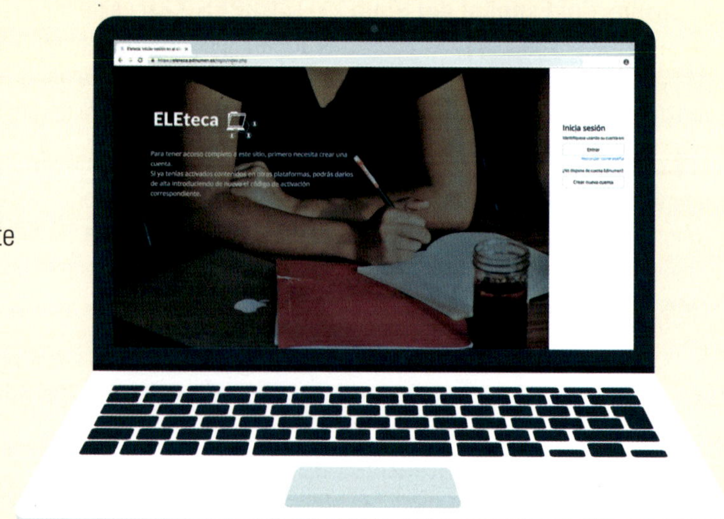

HOSTAL *Babel*

Frecuencias presenta esta serie de ficción, en la que, a través del humor, se recogen los contenidos principales de cada unidad.

La acción transcurre principalmente en el **hostal Babel**, un lugar de encuentro en el que conviven cuatro estudiantes y Bea, la dueña del hostal.

El hostal Babel es un lugar divertido, familiar y con cierto toque bohemio. Un lugar ideal para vivir innumerables experiencias que acompañarán a los estudiantes a lo largo de todo el manual.

BEA

30 años, española

La dueña del hostal. Una mujer simpática, trabajadora, divertida y dinámica. Siempre de buen humor, lo mismo hace de amiga que de psicóloga o de árbitra en los conflictos que surgen en el hostal.

CARLA

24 años, argentina

Estudiante universitaria de Filosofía. Carla es una chica estudiosa, intelectual y formal. También es muy habladora y un poco "sabelotodo".

TERE

19 años, española

Estudiante de Empresariales, aunque poco amiga de las clases y muy amiga de las fiestas y la diversión. Extrovertida, simpática, dormilona y poco aplicada en sus deberes.

LEO

19 años, español

Estudia Química. Es un chico inteligente, aunque tímido, introvertido y con pocas habilidades sociales. Amante del cine fantástico, los cómics, la parapsicología y los videojuegos.

HUGO

20 años, mexicano

Estudia Veterinaria, es vegano, animalista y amante del yoga y de la vida sana. Aunque tiene algunos conflictos en el hostal, acaba entablando una gran amistad con sus compañeros.

No te pierdas ***Hostal Babel***, un lugar de encuentro para la amistad, la tolerancia y la mezcla de culturas.

Estructura de las unidades y elementos gráficos guía visual

Portada. En ella se encuentran resumidos los objetivos principales de cada unidad, así como imágenes y preguntas que introducen el tema y activan la motivación.

Preguntas de motivación.

Objetivos de aprendizaje.

Dinámica recomendada para las diferentes actividades.

¿Qué sabes? Apartado con actividades para sondear los conocimientos previos de los estudiantes sobre el tema a tratar, a la vez que se anticipa el vocabulario, algunas estructuras gramaticales y elementos culturales de los apartados sucesivos.

Uso de elementos visuales para la realización de muchas de las actividades.

Palabras. Secuencia de actividades de léxico que facilitan el aprendizaje del vocabulario contextualizado según el tema de la unidad. Las actividades están destinadas a que los estudiantes descubran palabras o expresiones y aprendan a combinarlas y a usarlas en contexto. Este aprendizaje se lleva a cabo a través de textos orales o escritos, imágenes, definiciones, cuadros semánticos… que permiten deducir e interpretar su significado.

En este apartado, los cuadros de la RAE constatan diferencias léxicas entre el español de España y el de América con ejemplos extraídos de los corpus.

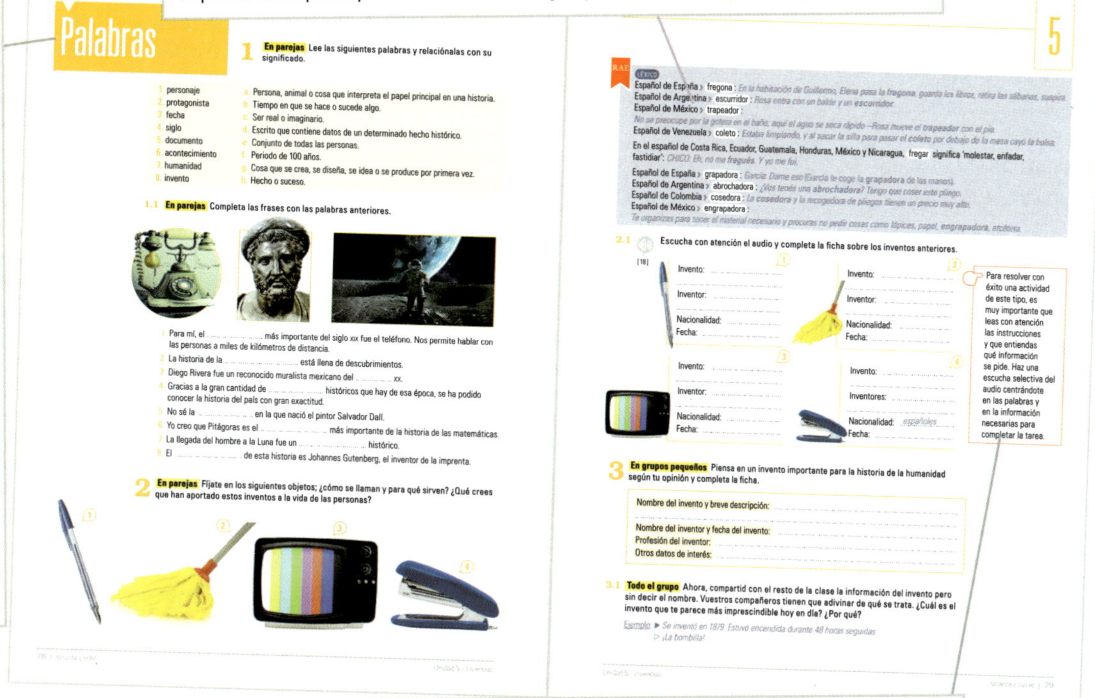

Cuadro de atención que sirve para resaltar o recordar los contenidos importantes.

Gramática. La gramática se presenta sistematizada a través de cuadros diseñados para facilitar su aprendizaje y de actividades de reconocimiento y práctica guiada de los contenidos tratados.

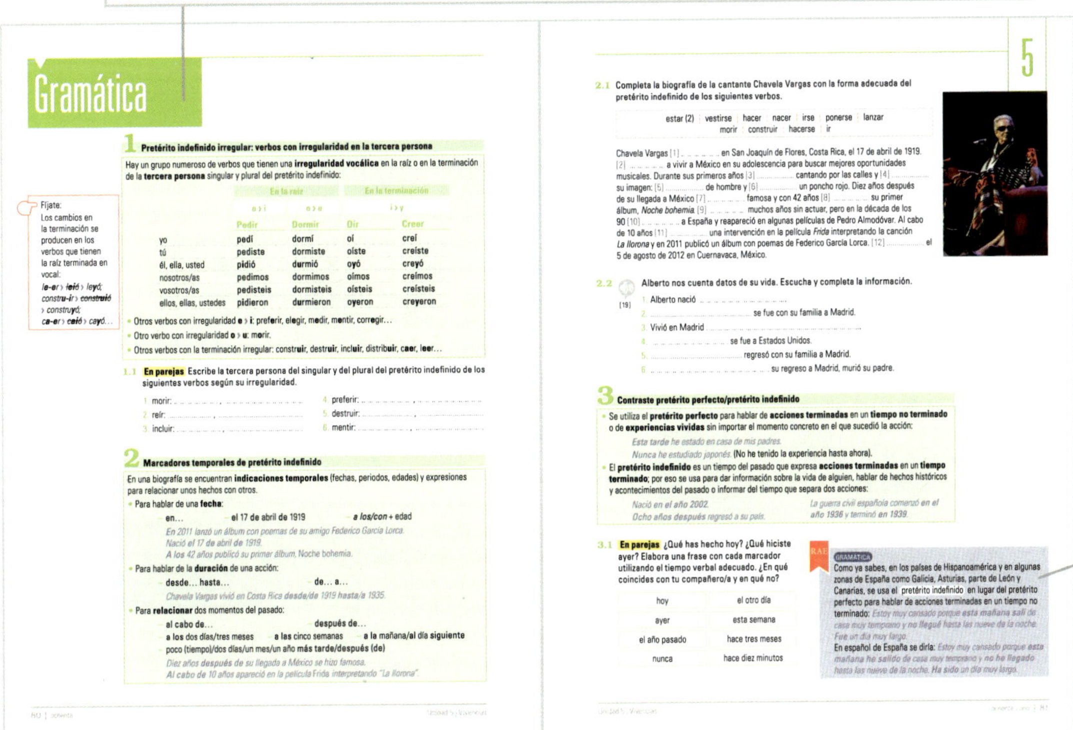

En este apartado, los cuadros de la RAE presentan información referida a cuestiones gramaticales (contraste entre el español de España y el de América, frecuencias de uso, regímenes verbales, etc.) con ejemplos extraídos de los corpus.

Practica en contexto. El estudiante aprende a interactuar a través de las diferentes tareas presentadas en una secuencia didáctica coherente y significativa. Mediante estas tareas el estudiante pone en práctica los conocimientos adquiridos hasta el momento con actividades de comprensión y producción orales y escritas, interactuando según las diferentes dinámicas propuestas.

Los cuadros funcionales se presentan en el momento adecuado de la secuencia como una herramienta que el estudiante utiliza para resolver con éxito la tarea propuesta.

Cultura. Los contenidos culturales se presentan en una secuencia muy visual y dinámica en la que se tratan temas socioculturales de España e Hispanoamérica.

En este apartado cobran especial importancia la imagen, el diseño y los distintos formatos de texto: gráficos, diagramas, mapas, folletos turísticos…

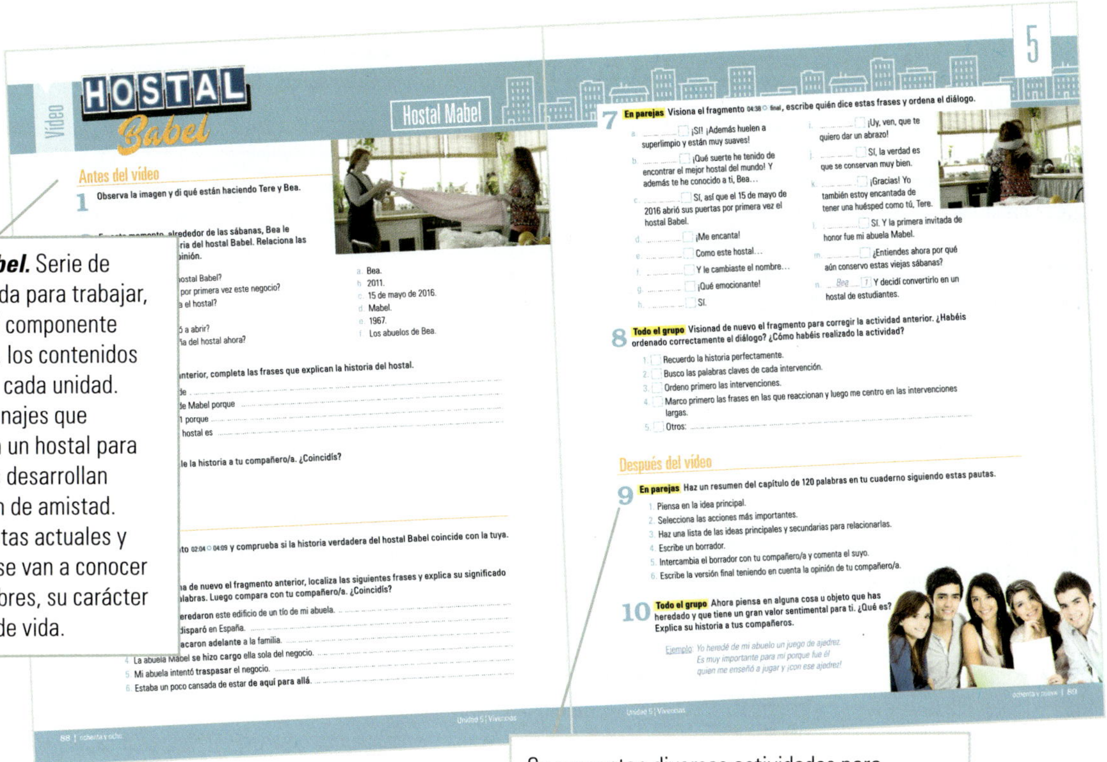

Hostal Babel. Serie de ficción ideada para trabajar, a través del componente audiovisual, los contenidos tratados en cada unidad. Cinco personajes que conviven en un hostal para estudiantes desarrollan una relación de amistad. Con anécdotas actuales y divertidas, se van a conocer sus costumbres, su carácter y su forma de vida.

Se presentan diversas actividades para predecir, comprender y comentar la historia, así como para trabajar la comunicación no verbal.

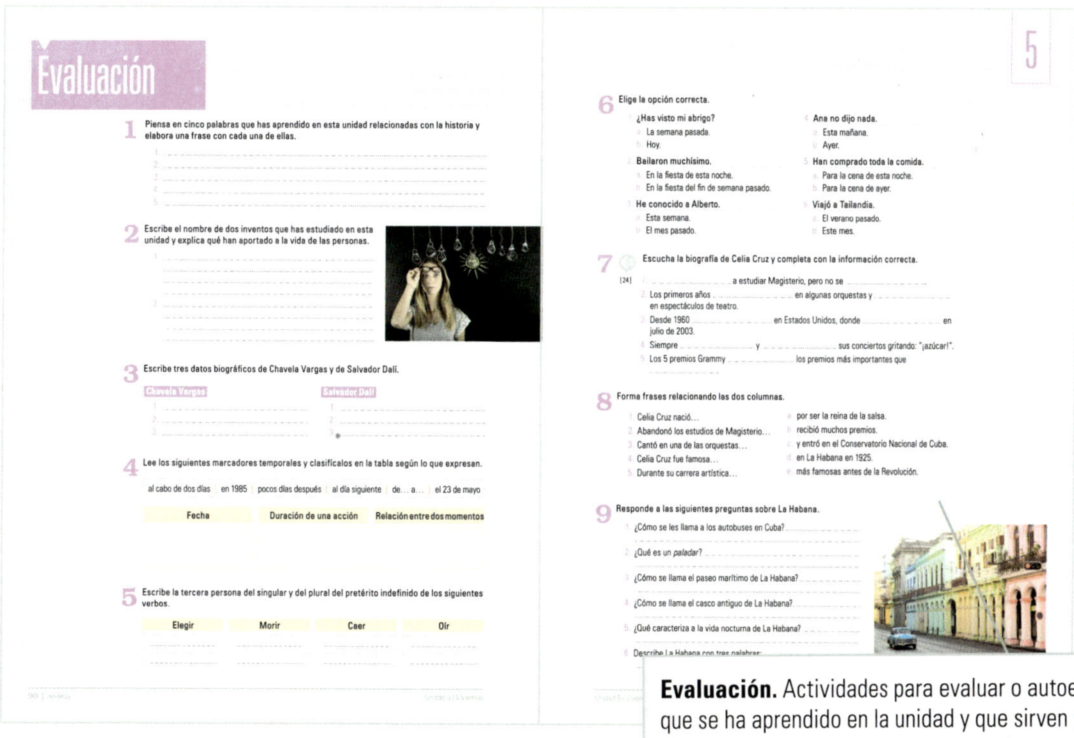

Evaluación. Actividades para evaluar o autoevaluar lo que se ha aprendido en la unidad y que sirven para que el estudiante tome conciencia de su propio aprendizaje. Con ellas, este puede reflexionar acerca de los errores cometidos e identificar aquellos contenidos que necesite repasar.

Índice

España datos de interés

Número de habitantes

España es el tercer país más visitado del mundo, superado únicamente por Francia y Estados Unidos.

La mayor reserva ecológica de Europa está en España: el parque nacional de Doñana.

Es el tercer país con más sitios Patrimonio de la Humanidad, por detrás de Italia y China.

Monumentos más visitados en España:

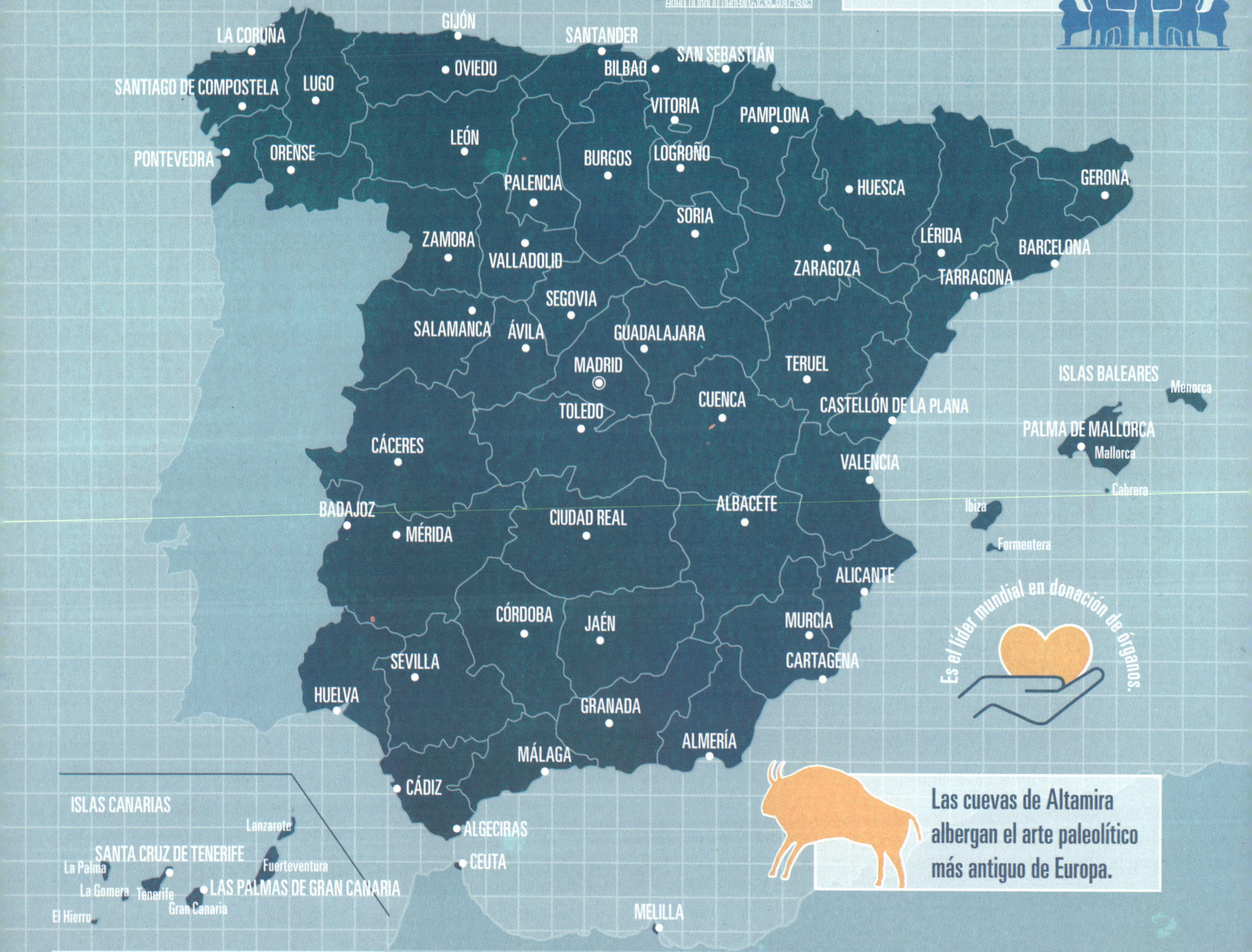

Las cuevas de Altamira albergan el arte paleolítico más antiguo de Europa.

Hispanoamérica datos de interés

Según *National Geographic*, el glaciar Perito Moreno, dentro del parque natural Los Glaciares en Argentina, es el cuarto paraje natural más bello del mundo, y el parque nacional Canaima, en Venezuela, ocupa el lugar número 15.

¡Hola!

La mayoría de los hablantes de español se encuentran en Hispanoamérica: **375 millones** de hablantes nativos

Países más visitados de Hispanoamérica

- **México** ≃ 40 000 000
- **Argentina** ≃ 7 000 000
- **Chile** ≃ 6 500 000
- **República Dominicana** ≃ 6 000 000

Principales culturas precolombinas

- **Azteca** (Sur de México, siglos XIV-XVI)
- **Maya** (México y Guatemala, siglos I-XVII)
- **Inca** (Ecuador, Perú, Bolivia, norte de Argentina y Chile, siglos XV-XVI)

¿Por qué estudio español?

Más de 580 millones de personas hablan español en el mundo.

El español es la **segunda lengua materna del mundo** por número de hablantes, después del chino mandarín.

Es la cuarta lengua más estudiada del mundo después del inglés, el francés y el chino mandarín: actualmente hay 21.8 millones de estudiantes de español en el mundo.

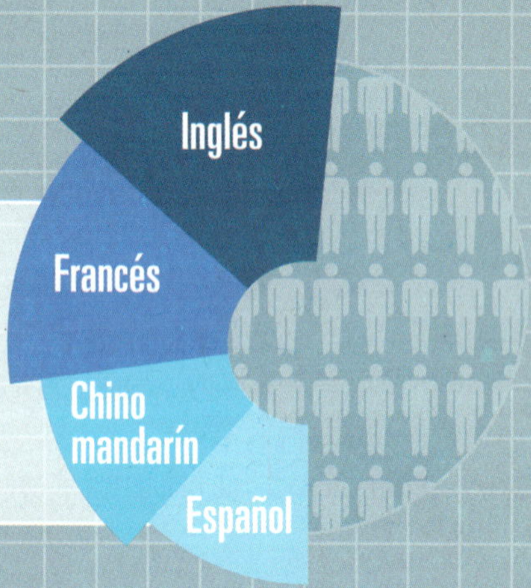

La contribución del conjunto de los países hispanohablantes al PIB mundial es del 6.9 %.

6.9 %

- El español es la tercera lengua más utilizada en la red.
- El 8.9 % de los usuarios de internet se comunica en español.
- El español es la segunda lengua más utilizada en Wikipedia, en Facebook, en LinkedIn y en Twitter.

El español es la cuarta lengua más poderosa del mundo.

El español ocupa la cuarta posición en el ámbito institucional de la Unión Europea.

Es la tercera lengua en el sistema de trabajo de la ONU: es una de sus seis lenguas oficiales.

España es el tercer país exportador de libros del mundo.

España, Argentina y México se encuentran entre los quince principales países productores de películas del mundo.

Datos extraídos del informe *El español: una lengua viva*, elaborado y redactado por David Fernández Vítores, y dirigido y coordinado por la Dirección Académica del Instituto Cervantes (2019).

Libro del estudiante

Nivel A2.2

Unidad

6 ¿Cómo era antes?

Fíjate en la imagen principal. ¿Qué te sugiere? ¿La puedes relacionar con el título de la unidad?

¿Tienes discos de vinilo? ¿Y un tocadiscos?

¿Sueles leer el periódico? ¿Cuándo? ¿Dónde?

¿Hace buen tiempo hoy?

En esta unidad vas a. . .

- Hacer descripciones en pasado
- Narrar sucesos e historias en pasado
- Hablar del tiempo atmosférico
- Conocer el mapa político de España y sus lenguas

¿Qué sabes?

1 **En parejas** ¿Qué tiempo hace? Observa las imágenes, relaciónalas con las frases y, después, compara con tu compañero/a.

1 ☐

2 ☐

3 ☐

4 ☐

5 ☐

6 ☐

7 ☐

a. Llueve./Está lloviendo.
b. Hay nubes./Está nublado.
c. Hace frío.
d. Hace calor.
e. Hay niebla.
f. Hace viento.
g. Hay tormenta.

1.1 **En parejas** ¿Con qué estaciones relacionas las imágenes de la actividad 1?

1. ....☐ ....☐ ....☐ ....☐
2. ....☐ ....☐ ....☐ ....☐
3. ....☐ ....☐ ....☐ ....☐
4. ....☐ ....☐ ....☐ ....☐
5. ....☐ ....☐ ....☐ ....☐
6. ....☐ ....☐ ....☐ ....☐
7. ....☐ ....☐ ....☐ ....☐

Las estaciones del año en España e Hispanoamérica cambian según la situación geográfica de los diferentes países:

Fecha de inicio	Hemisferio norte	Hemisferio sur
20-21 marzo	primavera	otoño
21-22 junio	verano	invierno
22-24 septiembre	otoño	primavera
21-22 diciembre	invierno	verano

2 **En parejas** Lee los diálogos y subraya los verbos conjugados.

2.1 **En parejas** Clasifica cada verbo de los diálogos anteriores en su lugar correspondiente de la tabla. Trabaja con tu compañero/a.

Presente	Pretérito perfecto	Pretérito indefinido	Otro tiempo

2.2 **En parejas** ¿Sabes qué tiempo es el de los verbos que aparecen en la última casilla de la tabla? ¿Crees que expresa acciones en presente, pasado o futuro?

2.3 **En parejas** Di tres cosas que han cambiado en el mundo desde que eras pequeño/a.

Palabras

1 **En parejas** ¿Sabes cómo se llama en español lo que lee el hombre de la foto? ¿Conoces el nombre de alguna de sus secciones?

1.1 **En parejas** Pon el nombre de cada sección del periódico debajo de la imagen correspondiente y escribe una frase indicando qué contenidos trata. Compara con tus compañeros.

El tiempo | Política | Economía | Deportes | Sociedad | Cultura y espectáculos | Ciencia y salud | Anuncios por palabras | Opinión

1.2 **Todo el grupo** ¿Cuál es tu periódico preferido? ¿Con qué frecuencia lo lees? ¿Lo lees en papel o en formato digital? ¿Por qué? ¿Cuál es tu sección favorita? ¿Y la que menos te interesa? Argumenta tus respuestas.

2 **En parejas** En la sección del tiempo de cualquier periódico puedes encontrar símbolos como estos. Relaciona cada símbolo con su nombre correspondiente.

sur | sol | calor | nublado | nieve | norte | tormenta | este | sol y nubes | frío | oeste | lluvia

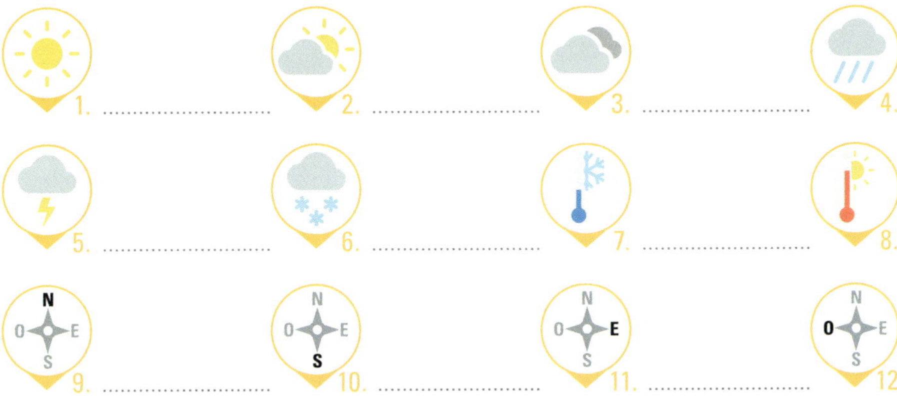

1. ....
2. ....
3. ....
4. ....
5. ....
6. ....
7. ....
8. ....
9. ....
10. ....
11. ....
12. ....

2.1 [25] **Escucha y dibuja cada símbolo donde corresponda. Fíjate bien en los nombres que hay en el mapa.**

Fíjate:

- Los verbos que usamos para hablar del tiempo, como ***llover, nevar, hacer frío/calor/sol…***, solo se usan en la tercera persona del singular:

  *Antes **llovía** más que ahora.* *Ayer **nevó** un poco.* ***Hace** mucho sol hoy.*

- Los nombres de las estaciones son ***primavera, verano, otoño*** e ***invierno***.
- Se puede hablar del tiempo de manera general con las expresiones ***hace buen tiempo*** (si hace sol o calor) y ***hace mal tiempo*** (si llueve o hace frío).
- Para hablar de las características del **clima** o el **tiempo** de un lugar, una estación o un mes del año, puedes usar estos adjetivos:
  - Relacionados con el **tipo de clima**: mediterráneo/oceánico/continental…
  - Relacionados con la **temperatura**: frío(a)/templado(a)/cálido(a)/suave/duro(a)/extremo(a)…
  - Relacionados con la **lluvia**: húmedo(a)/seco(a).

  *La primavera en Madrid es muy **húmeda**.* *Agosto en Sevilla es muy **cálido**.*
  *En Valencia hay clima **mediterráneo**.* *La temperatura en septiembre es **templada**.*

2.2 **Todo el grupo** ¿Cómo es el clima de tu país? ¿Cuál es tu estación favorita? ¿Por qué?

Gramática

El pretérito imperfecto solo tiene **tres verbos irregulares**:

Ser	Ir	Ver
era	**iba**	**veía**
eras	**ibas**	**veías**
era	**iba**	**veía**
éramos	**íbamos**	**veíamos**
erais	**ibais**	**veíais**
eran	**iban**	**veían**

Fíjate:
El imperfecto se usa también para pedir algo con **cortesía**. En este caso, el imperfecto equivale al presente:

▶ *Quería pedirte un favor…*
▷ *Dime. Si puedo ayudarte, lo haré.*

1 Pretérito imperfecto de indicativo

- El **pretérito imperfecto** tiene dos terminaciones distintas, una para los verbos que terminan en *-ar* y otra para los que terminan en *-er* e *-ir*:

	Hablar	Leer	Escribir
yo	hablaba	leía	escribía
tú	hablabas	leías	escribías
él, ella, usted	hablaba	leía	escribía
nosotros/as	hablábamos	leíamos	escribíamos
vosotros/as	hablabais	leíais	escribíais
ellos, ellas, ustedes	hablaban	leían	escribían

- El **pretérito imperfecto** es un tiempo del pasado que se usa para:
  - **Describir** en pasado:
    *La clase **era** grande. La profesora **se llamaba** Inés y **era** chilena.*
  - Hablar de **acciones habituales** en el pasado:
    ***Me levantaba** a las ocho, **salía** a las nueve y **cogía** el autobús.*
  - Hablar de una **acción** en pasado **interrumpida** por otra acción en pasado:
    ***Veía** una película cuando me llamaste.* (La acción de *ver* es interrumpida por la acción de *llamar*).

1.1 **Todo el grupo** Fíjate en las imágenes y describe la diferencia entre antes y ahora.

1.2 **En grupos pequeños** ¿Cómo eras hace cinco años? Piensa en cinco cosas que ahora son diferentes y cuéntaselas a tus compañeros.

2 Contraste pretérito imperfecto/perfecto/indefinido

El pretérito **imperfecto** presenta la acción en un tiempo pasado, pero **sin especificar el comienzo o el final**. Por esta razón, el imperfecto es el tiempo que usamos para la **descripción**, para hablar de las **circunstancias** que rodean a los **hechos o acciones**, que se expresan en pretérito **perfecto** (acciones terminadas en relación con el presente) o en **indefinido** (terminadas en relación con el pasado):

> ***Era** medianoche y **llovía** mucho. La calle **estaba** oscura y **había** poco tráfico. De repente, un coche se detuvo, la ventanilla del conductor se abrió y vi que **era** Luisa, una compañera de la universidad. Desde aquella noche no nos hemos separado y hemos vivido momentos muy felices.*

2.1 **En parejas** Lee esta noticia, subraya las formas verbales que aparecen y clasifícalas según su función: descripción o narración. Luego compara con tu compañero/a. ¿Coincidís?

A los 94 años se graduó en la universidad con excelentes notas

Amy Craton tenía 94 años cuando terminó los estudios, que empezó en 1962, y lo hizo con una nota media de 10.

Craton sentía que debía terminar la carrera que dejó cincuenta años antes para cuidar a sus hijos: "Siempre me ha gustado estudiar, pero mis hijos eran pequeños y yo estaba sola. Ahora que son adultos, he decidido volver a la universidad", dijo en una entrevista a la NBC News.

Así fue como, en 2013, Amy decidió inscribirse en la SNHU (Southern New Hampshire University) para continuar sus estudios, pero *online* porque Amy estaba en silla de ruedas y tenía dificultades para oír. Desde su casa en Honolulu, Craton asistió a todas las clases y no solo consiguió obtener el título de Escritura Creativa, sino que también fue la alumna con mejores calificaciones de toda su clase.

Adaptado de https://eldiariony.com/2017/05/20/video-tiene-94-anos-y-se-graduo-en-la-universidad-con-notas-brillantes/

2.2 **En grupos pequeños** ¿Conoces alguna historia de superación personal como esta? Toma nota de las circunstancias y de los hechos y luego cuéntasela a tus compañeros. Si no conoces ninguna, puedes buscar en internet.

3 Posesivos pospuestos

- Los posesivos **pospuestos** concuerdan en género y número con la cosa o persona poseída. Estas son sus formas:

	Singular		Plural		
	Masculino	Femenino	Masculino	Femenino	
Un poseedor	mío tuyo suyo	mía tuya suya	míos tuyos suyos	mías tuyas suyas	(yo) (tú) (él, ella, usted)
Varios poseedores	nuestro vuestro suyo	nuestra vuestra suya	nuestros vuestros suyos	nuestras vuestras suyas	(nosotros/as) (vosotros/as) (ellos, ellas, ustedes)

- Estos posesivos, a diferencia de los antepuestos *(mi, tu, su...)*, pueden acompañar al nombre o aparecer sin él cuando este es conocido. Este último es su uso más frecuente:

▶ *Es un error **tuyo**.*
▷ *¿**Mío**?*
▶ *Sí, **tuyo**.*

*Ese es **mi bolso**. **El tuyo** está en el armario.*

3.1 Transforma las frases con el posesivo pospuesto correcto.

1. Esta es tu camisa. *Es la tuya.*
2. Son tus tiendas. ....
3. Es su bufanda. ....
4. Son sus hijos. ....
5. Es mi libro de español. ....
6. Son mis padres. ....

Practica en contexto

1 **Aquí tienes un artículo sobre el mundo antes de internet. Antes de leer, marca las afirmaciones que te parecen ciertas. Luego lee el texto y comprueba las respuestas.**

1. ☐ Antes la gente hablaba mucho menos por teléfono.
2. ☐ Las únicas redes sociales eran los bares, el trabajo, la clase y las calles.
3. ☐ Había que sacar las fotos en papel para verlas.
4. ☐ En el cine y en la televisión había más *spoilers*.
5. ☐ Existían tiendas de discos donde se compraba la música.
6. ☐ Los estudiantes iban a bibliotecas y librerías cuando necesitaban información para sus trabajos.

Así era la vida antes de internet

¿Cómo era el mundo en 1991, antes de la aparición de internet? Porque sí, hubo un tiempo en que vivíamos sin internet, sin wifi, sin teléfonos inteligentes… Un tiempo en que teníamos que describir con nuestras palabras lo que ocurría a nuestro alrededor porque no existían enlaces que compartir en ningún lado. Los bares, el trabajo, la clase y las calles eran las únicas redes sociales.

Muchas acciones habituales eran diferentes: no nos mandábamos correos ni wasaps, hablábamos mucho por teléfono y nos escribíamos cartas; no existía la Wikipedia, por eso íbamos a bibliotecas y librerías cuando necesitábamos información para los trabajos de clase; tomábamos las fotos con películas que debíamos llevar a las tiendas de fotografía, donde las revelaban y nos las daban en papel; la música se compraba en tiendas en las que los discos estaban ordenados por géneros y en orden alfabético; veíamos caricaturas o telenovelas en la tele y nadie hacía *spoilers* de las series porque todos las veíamos al mismo tiempo. ¿Vivíamos desconectados? No, antes de 1991 compartíamos todo de otra manera: en persona y con nuestra voz. No, la vida no era mejor. Nomás era distinta.

Adaptado de Javier Martínez Staines http://www.univision.com/estilo-de-vida/trending/asi-era-la-vida-antes-de-internet

RAE

LÉXICO

La RAE define la palabra caricatura como 'un dibujo satírico en que se deforman las facciones y el aspecto de alguien': *Tenía enmarcada una **caricatura** que le había hecho un compañero de facultad y que no tenía demasiado parecido con el modelo.*

Sin embargo, en el español de El Salvador y México la palabra caricaturas equivale en español de España a dibujos animados, cómics o tebeos: *Ahí los encontraba correteando con otros niños, o leyendo cuentos de **caricaturas** que alquilaban por unos centavos en el quiosco de revistas.*

Español de España › solamente: *En el vestuario del gimnasio hay **solamente** un banco largo y estrecho.*

Español de América › nomás: *Como estaban también muy cerca de esa estación, a unas cuadras **nomás**, después de una ducha y de haberse cambiado de ropas, Marisa propuso ir caminando.*

1.1 **Todo el grupo** ¿Qué información te ha sorprendido más? ¿Cómo imaginas tu vida sin las nuevas tecnologías?

2 **En grupos pequeños** Antes de la llegada de internet y de los móviles, muchas otras cosas también eran diferentes. ¿Cómo imaginas que se hacía lo que tienes a continuación?

1 Viajar sin la ayuda de mapas digitales ni GPS.

2 Hablar por teléfono cuando estabas fuera de casa.

3 Guardar los números de teléfono y datos de contacto de amigos y conocidos.

4 Organizar los viajes y las vacaciones: reservar vuelos, hoteles, etc.

5 Comprar ropa y otras cosas donde había pocas tiendas o ninguna.

6 Consultar tus cuentas bancarias, hacer transferencias, etc.

7 Conocer a gente de otros lugares.

8 Ver películas que no ponían ni en los cines ni en la televisión.

2.1 [26] **En grupos pequeños** Arancha le explica a su hijo cómo se hacían esas cosas en aquel tiempo. Escuchad y tomad notas. ¿Habéis acertado en vuestras suposiciones anteriores?

2.2 **En parejas** Seguro que también muchas cosas eran diferentes cuando tú eras niño/a. Cuéntaselo a tu compañero/a y responde a sus preguntas.

3 **En grupos pequeños** Piensa en un momento especial de tu vida. Primero anota las circunstancias y luego los acontecimientos. A continuación cuéntaselo a tus compañeros. Fíjate en el ejemplo.

CIRCUNSTANCIAS

¿Cuántos años tenías? ¿Qué día era? ¿Dónde estabas? ¿Qué tiempo hacía? ¿Quién más había? ¿Cómo te sentías?...

....

....

....

....

ACONTECIMIENTOS

¿Qué sucedió? ¿Qué hiciste? ¿Qué dijiste? ¿Qué hicieron los otros? ¿Cómo te sentiste?...

....

....

....

....

Ejemplo: *Tenía 10 años, era el día de mi cumpleaños y mis abuelos me regalaron una bicicleta. Yo estaba muy contenta. Enseguida cogí la bici y di una vuelta. Ese día me sentí mayor por primera vez.*

Recursos para introducir una anécdota

- ¿Sabes qué me pasó/ha pasado...?
- ¿A que no sabes qué me pasó/ha pasado?

Mostrar interés

- ¿Y qué pasó/ha pasado después?
- Sigue, sigue.../Cuenta, cuenta...

Expresar sorpresa o incredulidad

- ¿Ah, sí?
- ¡No me lo puedo creer!
- ¡Qué me dices!
- ¿De verdad?

Fíjate:
Los marcadores temporales ***antes, después, mientras, siempre*** y ***cuando*** son un recurso fundamental de la narración porque **relacionan dos acciones** y permiten saber en qué momento ocurre cada una de ellas:

- ***Antes*** se usa para indicar una acción que **precede** a otra u otras:
  *Juan ha llegado **antes**, luego he venido yo.*
- ***Después*** sirve para expresar **posterioridad**; equivale a *más tarde, luego*:
  *Ayer comí y **después** me fui a clase.*
- ***Mientras*** se utiliza para hablar de acciones **simultáneas**:
  ***Mientras** cenábamos, vimos las noticias.*
- ***Siempre***, que significa 'en todo o cualquier tiempo', se usa para hablar de **hábitos**:
  ***Siempre** se duchaba antes de acostarse.*
- ***Cuando*** sirve para indicar el tiempo en el que **ocurre algo**:
  ***Cuando** nací, mi madre tenía 27 años.*

3.1 **Todo el grupo** Cuenta a tus compañeros aquella vez que...

Estaba muy nervioso/a...
Me enfadé mucho...
Estaba muy preocupado/a...
Me divertí mucho...
Tenía ganas de llorar...
Tenía mucho miedo...
Me sentía feliz...
Me sentí muy bien...
No podía parar de reír...
Mis padres se enfadaron conmigo...

4 En parejas Lee la siguiente noticia y completa la tabla.

El pasado mes de julio, un grupo de niños de la localidad de Exeter, en Inglaterra, protestó contra el estricto código de vestuario de su escuela llevando faldas, cuando no les permitieron usar pantalones cortos a pesar de las elevadas temperaturas veraniegas. Los adolescentes argumentaron que hacía demasiado calor: la temperatura superaba los 30 °C.

Un día antes, un niño fue expulsado de la escuela por llevar pantalones cortos.

Al parecer, la directora del centro escolar había hecho el comentario sarcástico de que podían usar falda si tenían tanto calor, pero no esperaba que los estudiantes le tomaran la palabra.

La televisión local Devon Live pudo grabar la escena cuando el jueves por la mañana las niñas les entregaban sus faldas de repuesto a sus compañeros de clase. Uno de ellos declaró que usar falda escocesa era "bastante refrescante".

Los británicos no están acostumbrados a unas temperaturas tan altas, pero sí a ver hombres con falda. Esta prenda forma parte del traje nacional escocés y no es raro ver a escoceses usarla por las calles de Gran Bretaña.

Adaptado de http://www.telemundo.com/noticias/2017/06/23/ninos-protestan-con-faldas-prohibicion-de-usar-shorts-pese-al-calor

¿Qué pasó?	¿Quiénes?	¿Dónde?

¿Cuándo?	¿Cómo?	¿Por qué?

4.1 **En grupos pequeños** Los titulares que aparecen a continuación son reales. Elige uno y escribe la noticia como la imaginas. Trabaja con tus compañeros de grupo.

Unos ladrones robaron un coche con un niño dentro y lo llevaron a la escuela.

Un pingüino recorre 8000 km cada año para ver al hombre que le salvó la vida.

Un hombre estuvo durante dos años metiendo sus cartas en un contenedor de basura convencido de que era un buzón.

Una anciana aprendió a leer y escribir hace dos años y ya ha publicado 35 cuentos.

Un joven australiano despertó del coma hablando chino.

Una mujer de 91 años ha conseguido lo que muchos desean: trabajar en Silicon Valley, en la empresa que diseñó el primer ratón de Apple.

4.2 **Todo el grupo** Comparte la noticia con tus compañeros. Con ellos, decide cuál merecería estar en la portada de un periódico. Después comparad vuestra noticia con la real que os va a dar vuestro profesor/a. ¿Se parecen?

5 **En parejas** Luis, Adela y Carla estudian juntos en la universidad. Acaban de mudarse de piso y están organizando sus cosas. Observa la imagen y completa el diálogo con los posesivos pospuestos adecuados. Después compara el resultado con tu compañero/a.

Carla: ¿De quién es este iPad?
Luis: Es [1] .... Por favor, déjalo sobre la estantería.
Adela: Aquí hay unas mantas. ¿De quién son?
Carla: [2] .... y de Luis.
Luis: ¿Y estos libros? ¿Son [3] ...., Adela?
Adela: Sí, pero también son [4] .... *(dice señalando a Carla).*
Luis: Entonces los pongo en esta habitación. No, mejor en la [5] ...., Adela, así los tienes a mano si los necesitas.
Adela: ¡Gracias! Y aquí hay un mando de la PlayStation y un ordenador...
Luis: ¡Ah! Sí. El mando es [6] .... y el ordenador es [7] .... *(dice mirando a Carla).*
Carla: ¿Sabes? Nosotras tenemos una bicicleta.
Luis: ¿La bici que hay al lado de la puerta es [8] ....?
Carla: Sí, es [9] ...., la compramos a medias.
Adela: ¿De quién es esta raqueta?
Carla: [10] .... La he traído porque voy a jugar al tenis.
Luis: ¿Y estas gafas que hay encima de la mesa?
Adela: ¡Uy! Son [11] .... Suerte que las has encontrado. No veo nada... Bueno, Carla, parece que todo lo [12] .... ya está organizado, ¿verdad?
Carla: Sí, ¡por fin! Y creo que lo de Luis también, porque no queda ninguna caja...

Un país, MUCHAS CULTURAS

¿Sabías que...?

España está formada por **17 comunidades autónomas.**

Dos ciudades del **norte de África** forman parte de España.

Además del español, se hablan otras **tres lenguas** que tienen carácter oficial.

1 [27] **En parejas** Escucha y relaciona las comunidades autónomas que faltan en el mapa con su nombre correspondiente.

- [ ] Aragón
- [ ] Asturias
- [ ] Cantabria
- [ ] Castilla-La Mancha
- [ ] Castilla y León
- [ ] Ceuta
- [ ] Islas Baleares
- [ ] Islas Canarias
- [ ] La Rioja
- [ ] Melilla
- [ ] Navarra
- [ ] Región de Murcia

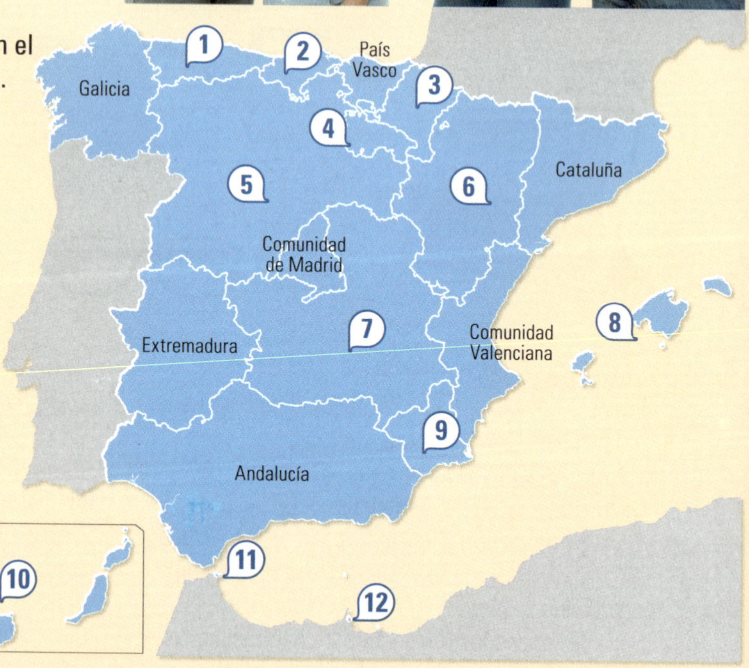

RAE **CULTURA**

En Argentina a los españoles nos llaman gallegos debido a que la mayoría de los españoles que emigraron a ese país provenían de Galicia (España): *¡Viaje a Mar del Plata sin valijas, en la tienda de los **gallegos** tiene de todo!*

2 **Todo el grupo** Busca en internet en qué comunidad autónoma se encuentran estos lugares y alguna información sobre ellos. Compártela con tus compañeros.

2.1 **Todo el grupo** ¿Conocías alguno de estos lugares? ¿Cuál te llama más la atención y te gustaría visitar? ¿Por qué?

2.2 **Todo el grupo** ¿Cuántas regiones o estados tiene tu país? ¿Cuántas lenguas se hablan en él?

HOSTAL Babel

Tarde de lluvia

Antes del vídeo

1 **Todo el grupo** Fíjate en la imagen. Tere está *resoplando*. ¿Qué crees que expresa ese gesto? Marca una de las siguientes opciones. ¿Coincides con tus compañeros? ¿Existe este gesto en tu país? ¿Significa lo mismo?

1. Que está cansada.
2. Que tiene sueño.
3. Que tiene frío.
4. Que tiene hambre.

2 **En parejas** Visiona sin sonido el fragmento 00:30 ▸ 01:03 del vídeo y, con tu compañero/a, escribe un diálogo fijándote en los gestos y en las intervenciones de los personajes.

2.1 **Todo el grupo** Con el vídeo sin sonido, doblad estos treinta primeros segundos usando el diálogo que habéis escrito.

2.2 **Todo el grupo** ¿Cuál de los diálogos ha sido el más imaginativo? ¿Y el más divertido?

Durante el vídeo

3 Visiona de nuevo el fragmento 00:30 ▸ 01:03, ahora con sonido, y comprueba si alguno de los diálogos se parece al original.

4 Visiona el fragmento 01:04 ▸ 01:23 en el que Tere cuenta una anécdota. Escríbela con tus propias palabras.

....

....

....

5 Visiona el fragmento 01:27 ▸ 02:00 y relaciona cada intervención con un personaje, Bea o Tere. Luego ordena el diálogo y visiona el fragmento de nuevo para comprobar tu respuesta.

- ☐ a. ¿Has vivido en Galicia? .... B T
- ☐ b. Pues imagínate yo, que pasé parte de mi infancia en Galicia, ¡y allí sí que llueve! .... B T
- ☐ c. Y allí llueve mucho, ¿verdad? .... B T
- ☐ d. ¡Uf! A mí no me gusta nada la nieve. .... B T
- ☐ e. Sí, recuerdo que cuando era niña llovía mucho más. .... B T
- ☐ f. La verdad es que antes llovía más que ahora. .... B T
- ☐ g. Sí, de pequeña. Durante cuatro años de mi vida, viví allí con mi familia. .... B T
- ☐ h. Y entonces llovía más aún. ¡Y muchas veces hasta nevaba! .... B T

6 **En parejas** Visualiza el fragmento 02:00 ▶ 03:07 e indica si las siguientes afirmaciones son verdaderas (V) o falsas (F).

1. Tere es del sur y por eso casi nunca ha visto la nieve. .... V F
2. Bea le propone hacer una excursión para ver la nieve. .... V F
3. Bea explica a Carla que estaban de compras cerca de la cafetería. .... V F
4. Bea añade que, como ha empezado a llover, han pasado a verla. .... V F
5. Tere quiere tomar un café con leche. .... V F
6. Bea quiere merendar un trozo de bizcocho de chocolate. .... V F

6.1 Corrige las respuestas falsas y visiona de nuevo el fragmento para comprobar tus respuestas.

7 **En parejas** Visiona el fragmento 03:16 ▶ 03:57 y completa la información.

1. El padre de Bea era médico y ....
2. Así que toda la familia ....
3. Bea todavía recuerda ....
4. Bea dice que siempre llovía ....
5. Tere dice que le encantan ....

8 **En parejas** Ahora visiona la secuencia final 03:58 ▶ final y cuéntala con tus propias palabras.

....

....

....

Después del vídeo

9 Señala cuál de las tres imágenes muestra un bizcocho de chocolate. ¿Cómo se llaman los otros dos dulces?

A 

B 

C 

10 ¿En cuál de los puntos señalados en el mapa vivió Bea cuando era niña? ¿Y Tere?

11 **Todo el grupo** ¿Te gustan los días de lluvia? ¿Por qué?

12 **Todo el grupo** ¿Qué te gusta hacer cuando llueve?

13 **Todo el grupo** ¿Donde tú vives llueve con frecuencia? ¿En qué época del año llueve más?

Evaluación

1 Sustituye los símbolos por palabras.

De: Inés Para: Carol Asunto: Tiempo

¡Hola! ¿Qué tal por allí?

He visto en el periódico que [1] ...., ¡qué suerte! Aquí [2] .... y hoy no hemos podido ir a la playa. Ayer [3] ...., pero se estaba muy bien y nos bañamos varias veces. Por la tarde, tuvimos que volver al hotel porque [4] .... Este sitio tiene un tiempo muy inestable, por el día [5] .... y por la noche [6] ...., pero bueno, estamos descansando... ¡Nos vemos muy pronto!

Un abrazo, Inés

2 Forma frases con un elemento de cada columna.

1. En verano normalmente hace...
2. Para ser junio hacía...
3. Cuando cambia el tiempo hay...
4. En invierno hacía mucho frío...
5. En septiembre suele...

a. demasiado frío.
b. pero casi nunca nevaba.
c. llover bastante.
d. buen tiempo.
e. más tormentas.

3 Completa con el marcador adecuado.

antes | mientras | siempre | cuando | después

[1] .... salíamos de casa juntos. Raúl llegaba a la oficina a las 9, yo entraba en el hospital [2] ...., a las 8:30. [3] ...., a mediodía, quedábamos en algún restaurante del centro para almorzar. [4] .... comíamos, hablábamos de nuestras cosas. [5] .... terminábamos de comer, él volvía a la oficina y yo me iba de nuevo al hospital.

4 Fíjate en las imágenes y escribe cómo se hacen estas cosas ahora y cómo se hacían antes.

1

Ahora ....

Antes ....

2

Ahora ....

Antes ....

3

Ahora ....

Antes ....

4

Ahora ....

Antes ....

5 Completa las frases libremente.

1. Ayer, cuando salía de clase, ...
2. Luis es vegetariano, pero antes ....
3. Anoche no te llamé porque ....
4. Cuando hemos salido esta mañana ....
5. Siempre que nos veíamos ....
6. He leído tu correo mientras ....
7. Vimos una película y después ....
8. Cenábamos siempre allí porque ....

6 Conjuga los verbos entre paréntesis de esta noticia en el tiempo adecuado.

Carmelo Flores, el hombre más viejo del mundo, cumplió 123 años

Carmelo Flores [1] .... (cumplir) 123 años el pasado 16 de julio, es indio aimara y siempre [2] .... (vivir) en un pequeño pueblo de los Andes bolivianos, a 4000 metros sobre el nivel del mar. Toda su vida [3] .... (comer) alimentos naturales que él mismo [4] .... (cultivar) porque, como nos [5] .... (contar), antes no [6] .... (haber) tiendas ni supermercados. Carmelo recuerda que una vez, cuando [7] .... (ser) joven, [8] .... (ir) al médico, aunque no recuerda por qué.
Según el *Libro Guinness de los récords*, la persona más longeva de la historia [9] .... (ser) la francesa Jeanne Calment, que [10] .... (morir) en 1997: [11] .... (tener) 122 años. El *Libro Guinness* todavía no [12] .... (registrar) a Carmelo Flores como el hombre más longevo del mundo.

Adaptado de http://www.eldia.com.ar/edis/20130815/El-hombre-mas-viejo-mundo-tiene-anos-vive-Bolivia-mts-altura-informaciongeneral6.htm

7 Sustituye la parte subrayada por el posesivo correcto.

Ejemplo: *Este es el número de mi habitación. Dame tu número de habitación.* › *Dame el* ***tuyo***.

1. Estas son las fechas en las que ellos estarán fuera de vacaciones. ¿Coinciden con nuestras fechas de vacaciones? ....
2. Ahí están los hijos de Manuel, pero no veo a tus hijos. ¿Dónde están? ....
3. Aquí está nuestra entrada. Y vuestra entrada, ¿dónde está? ....
4. Tu casa es mucho más grande que mi casa. ....
5. Mi coche es más pequeño que el de Luis, mejor vamos en el coche de Luis. ....

8 Señala en el mapa estas comunidades: Madrid, Cataluña, Andalucía, País Vasco y Galicia.

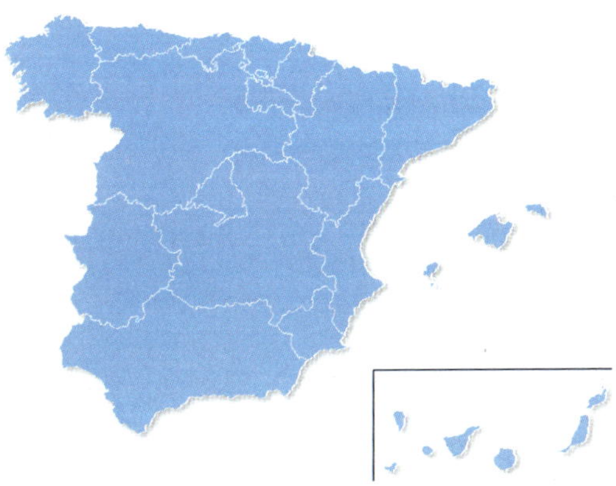

9 ¿Qué lenguas se hablan en España y en qué comunidades?

....
....
....
....

Unidad

7 Dentro de 50 años

Fíjate en las fotografías; ¿a qué hacen referencia?

¿Crees que podemos hacer algo por cambiar el futuro del planeta?

¿Qué festivales de cine conoces?

En esta unidad vas a...

- Hacer predicciones de futuro
- Hacer planes
- Hablar del futuro con condiciones
- Aprender léxico relacionado con la ecología, el medioambiente, el reciclaje y la economía circular
- Conocer el Festival Internacional de Cine de San Sebastián

¿Qué sabes?

1 **Todo el grupo** Fíjate en las siguientes palabras; ¿a qué tema se refieren? Justifica tu respuesta.

TEMA

1.1 **En parejas** Escribe en la tabla dos términos relacionados con cada una de las palabras anteriores y que tengan que ver con el tema general al que se refieren.

Naturaleza	Reciclaje	Océanos	Clima

1.2 **Todo el grupo** Di las palabras de tu lista y completa con las palabras de tus compañeros. ¿Conoces todas? ¿Sabes qué significan?

2 Fíjate en esta imagen. ¿Sabes a qué concepto relacionado con el medioambiente se refiere? Una pista: tiene que ver con una tendencia ecológica que va más allá del reciclaje.

3 [28] Escucha a estas personas hablar sobre sus planes en relación con el medioambiente. ¿Qué van a hacer? Completa los bocadillos.

1 

Voy a ....

2 

Pienso ....

3 

Vamos a ....

4 

Quiero ....

3.1 [28] Vuelve a escuchar y completa estas frases.

1. Voy a ir a clase en bici; así .... deporte todos los días.
2. Voy a limpiar la playa y, de esta manera, ... a mejorar la calidad del agua.
3. Vamos a ahorrar en calefacción, no contaminaremos y el aire .... más limpio.
4. En mi tienda .... de todo: muebles, ropa, objetos de papelería…, todo hecho a partir de productos reciclados.

3.2 **En parejas** Analiza las formas que has anotado. ¿A qué tiempo se refieren las acciones? ¿Conocías este tiempo verbal?

Recuerda:
Para hablar del futuro puedes usar las estructuras: *ir a*, *querer* o *pensar* + infinitivo.

4 **Todo el grupo** ¿Sabes qué es la huella ecológica? Lee la definición en el siguiente texto para averiguarlo. ¿Tienes tú algún plan relacionado con tu huella ecológica?

De la misma forma que al caminar se deja una huella, el modo de vida de cada uno deja una huella ecológica, es decir, provoca un impacto ambiental determinado que depende, principalmente, de nuestros hábitos y de nuestro grado de concienciación.

Palabras

1 **En parejas** ¿En qué contenedor reciclas esta basura? Relaciona y compara con tu compañero/a.

1. desechos en general	a. contenedor azul
2. basura orgánica	b. contenedor gris
3. vidrio	c. contenedor marrón
4. plástico y latas	d. contenedor rojo
5. papel	e. contenedor verde
6. residuos peligrosos	f. contenedor amarillo

1.1 [29] Vanessa está muy concienciada con el medioambiente y les explicó a sus hijos con un juego cómo reciclar los residuos. Escucha sus explicaciones y comprueba tu respuesta anterior.

1.2 **En parejas** Clasifica los siguientes desechos en su contenedor correspondiente. Puedes volver a escuchar el audio si lo necesitas.

brik de leche | botella de vidrio de zumo de naranja | ordenador roto | tapón de corcho | bayeta | papel de cocina usado | bolsa de plástico | lata de refresco | caja de cartón | jeringuilla usada | bolsa de patatas fritas | periódico | restos de plantas y hojas | trozo de carne | libro viejo | pañal

> Fíjate:
> En España, los residuos que no se pueden reciclar en ninguno de estos contenedores se llevan al "punto limpio". En este lugar se someten a un proceso de reciclaje específico o se eliminan de forma segura.

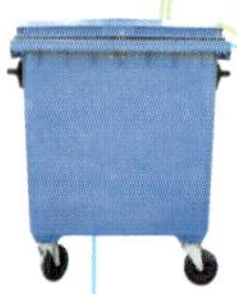

1.3 **Todo el grupo** ¿Cómo se recicla en tu país? ¿Se utilizan los mismos colores para reciclar los residuos anteriores? Coméntalo con tus compañeros.

1.4 **Todo el grupo** ¿Reciclas habitualmente? ¿Por qué?

2 **En grupos pequeños** ¿Conoces las 5 erres de la ecología? Relaciónalas con estas acciones.

1. Regalar un jersey que te queda pequeño.
2. Llevar una bolsa de tela al mercado.
3. Arreglar una lavadora que se ha estropeado.
4. Tirar la lata de refresco al contenedor amarillo.
5. Utilizar una botella de vidrio para confeccionar una lámpara.

2.1 **En parejas** Ahora lee estos textos y escribe cuál de las 5 erres describe cada uno.

① ______

Casi todo se puede arreglar: ropa, productos electrónicos, mobiliario, calzado, móviles… pueden repararse y alargar así su vida útil.

② ______

Menos consumo en todos los sentidos: menos desperdicio, menos peso y distancia para el transporte, menos energía, menos productos no degradables o no reciclables…

③ ______

De algunos objetos de desecho se pueden rescatar algunos de sus componentes para ser utilizados nuevamente; un buen ejemplo son los metales, que pueden ser separados de los distintos objetos que desechamos y ser utilizados de nuevo.

④ ______

Crear un artículo nuevo usando materiales reciclados o reciclables siempre que sea posible. El papel, por ejemplo, es una de las industrias que más utiliza este principio.

⑤ ______

Hay ropa, calzado, libros y objetos de papelería, envases, componentes electrónicos que pueden ser donados… Todo puede tener una segunda vida antes de terminar en la basura.

Gramática

1 Futuro simple

- El **futuro simple** se forma con el infinitivo y las siguientes terminaciones:

	Estudiar	Beber	Vivir
yo	estudiaré	beberé	viviré
tú	estudiarás	beberás	vivirás
él, ella, usted	estudiará	beberá	vivirá
nosotros/as	estudiaremos	beberemos	viviremos
vosotros/as	estudiaréis	beberéis	viviréis
ellos, ellas, ustedes	estudiarán	beberán	vivirán

- En este tiempo verbal solo hay doce verbos irregulares:

caber › **cabré**	saber › **sabré**	valer › **valdré**
haber › **habré**	poner › **pondré**	venir › **vendré**
poder › **podré**	salir › **saldré**	decir › **diré**
querer › **querré**	tener › **tendré**	hacer › **haré**

- Utilizamos el **futuro simple** para hablar de **acciones** y **planes** que se van a realizar en el **futuro**:

  *La próxima semana **iré** a Santiago de Chile.*

- También sirve para hacer **predicciones** y para hacer **promesas** con ***te prometo/juro* + *que***:

  *El próximo verano **será** muy caluroso.*

  ***Te prometo que** te **llamaré** lo antes posible.*

Fíjate:
Las terminaciones son las mismas para las tres conjugaciones, incluidos los verbos irregulares.

Fíjate:
Este tiempo se usa también para hacer **suposiciones** o **hipótesis** referidas al presente:

▶ *¿Por qué no ha venido Pedro?*
▷ *Es que está enfermo.* (Lo sé).
▷ *No sé; **estará** enfermo.* (Lo supongo).

En este caso, el futuro equivale al presente.

1.1 En parejas **Encuentra en esta sopa de letras tres formas regulares y tres formas irregulares de futuro simple y completa las frases con ellas.**

1. Yo creo que .... estudiando todo el fin de semana. El lunes tengo un examen.
2. La próxima semana Raúl .... mucho tiempo libre. Solo trabaja por las mañanas.
3. Si vas por el norte de España, ... muy bien. ¡Está todo riquísimo!
4. Hoy me quedo en casa. Ordenaré y .... todos los libros en la estantería.
5. Tranquilo, pronto .... la verdad.
6. .... un correo a Julita para contarle lo que ha pasado.

T	O	C	É	G	T	V	N	L	R	D	Q
F	E	S	T	A	R	É	E	N	S	N	U
U	S	Á	R	P	E	T	L	L	Á	O	E
S	U	E	E	S	I	P	O	N	D	R	É
H	A	V	S	U	M	P	A	H	A	Z	R
Í	D	B	C	B	P	A	T	E	C	D	U
T	O	C	R	É	U	S	E	S	O	T	R
E	S	I	I	E	S	E	Y	A	M	P	I
N	Ó	T	B	S	M	R	A	N	E	D	O
D	D	É	I	Ó	R	O	E	T	R	É	S
R	E	P	R	E	O	D	S	N	Á	C	H
Á	S	O	É	N	M	A	O	I	S	P	Ó

1.2 En parejas **Decide si el verbo se refiere al futuro o a una hipótesis en presente.**

1. ¿Vendréis a visitarme a Irlanda?
2. No es buena idea ir ahora a la biblioteca, estará llena de gente.
3. Esta tarde llegarán los nuevos diccionarios.
4. Imagino que el director estará reunido, no contesta el teléfono.

2 Marcadores temporales de futuro

Estos son algunos de los marcadores temporales de futuro más comunes:

- **esta** tarde/noche/semana
- la semana **próxima**
- **dentro de...**
- **este** mes/año
- el mes/año **próximo**
- **desde/a partir de...**
- **en...**
- la semana/el mes/el año **que viene**

El año que viene/próximo será un gran año.
Esta tarde iré al cine.
Este año compraremos un coche nuevo.
A partir de mañana estará de vacaciones.
Dentro de dos años viajaremos a África.
En agosto nos cambiaremos de piso.

Fíjate:
Con el demostrativo *(esta tarde, este mes)* podemos referirnos al pasado o al futuro:
*Esta tarde **iré** al cine.*
*Esta tarde **he ido** al cine.*

2.1 [30] ¿Qué planes tiene Sara? Fíjate en las imágenes; ¿qué crees que va a hacer en cada caso? Anótalo. Luego escucha, comprueba si has acertado y escribe cuándo realizará esos planes.

1 ....
....

2 ....
....

3 ....
....

4 ....
....

5 ....
....

2.2 **En grupos pequeños** ¿Y tú? Comenta con tus compañeros cuáles son tus planes para esta noche, esta semana, este año, el año que viene, dentro de tres años y dentro de quince años.

Recuerda:
Para hablar del futuro también puedes usar:

- **Presente de indicativo**: *Mañana **ceno** con mis amigas.*
- ***Ir a*** + infinitivo: *El mes que viene **voy a viajar** a Madrid.*
- ***Pensar/Querer*** + infinitivo:
  *A partir de mañana **pienso/quiero cambiar** mis hábitos de consumo.*

RAE **GRAMÁTICA**
En el español de América se suele utilizar más la forma *ir a* + infinitivo para hablar del futuro:
*Oficialmente, la semana que viene **van a empezar** a implementar los cambios que a usted se le ocurrieron...*

Practica en contexto

1 **Todo el grupo** Fíjate en las siguientes frases. ¿Con qué concepto las relacionas?

Extraer para tirar **Somos ricos en basura** **Tus residuos son mis recursos**

1.1 **En parejas** Ahora fíjate en esta infografía, elige uno de los dos gráficos y explícaselo a tu compañero/a.

Infografía
La infografía combina **imágenes** (ilustraciones, gráficos, pictogramas…) y **textos** con el fin de comunicar información de manera visual y facilitar su transmisión.

ECONOMÍA CIRCULAR

ECONOMÍA LINEAL

1.2 **En grupos pequeños** Relaciona de manera lógica las frases de la actividad 1 con los gráficos. Compara las respuestas de tu grupo con las del resto de la clase. ¿Se parecen?

2 **En parejas** Vas a leer un artículo sobre economía circular. Antes relaciona estos conceptos con su significado: podrás comprender mejor el texto.

1. sustentar
2. nutriente
3. desechar
4. biodegradable
5. contribuir
6. generar

a. Sustancia que alimenta.
b. Producir.
c. Que puede descomponerse en elementos químicos naturales por la acción del sol, el agua, las bacterias, las plantas o los animales.
d. Tirar algo porque ya no nos sirve.
e. Mantener, sostener.
f. Ayudar para algún fin.

2.1 **En parejas** Ahora lee el texto y resume cada párrafo en dos frases.

Está claro que el modelo económico actual –extraer, producir, consumir y tirar– no será posible en el futuro. La ONU calcula que para mediados de siglo la población mundial será de unos 9100 millones de personas: "Con estas cifras, se necesitarán casi tres planetas Tierra para conseguir los recursos naturales necesarios para mantener el modo de vida actual". Según el profesor Antonio Valero, "el ser humano tendrá que vivir de sus residuos, como hace la naturaleza". Y es que serán los residuos que generamos los que deberán sustentar buena parte del ciclo productivo.

1. ....
....

En el mundo natural no hay residuos: los residuos de una especie se convierten en alimento para otra. La energía proviene del sol, los seres vivos nacen y mueren, y el suelo recupera siempre los nutrientes de forma segura. Pero los seres humanos hemos adoptado siempre un enfoque lineal en la manera de producir: primero descubrimos algo, luego lo producimos, lo usamos y finalmente lo tiramos. Por ejemplo, un nuevo móvil sale al mercado, lo compramos y tiramos el antiguo, nuestra lavadora se estropea y compramos otra... Cada vez que hacemos esto generamos residuos tóxicos que no se recuperan y contaminan el planeta.

2. ....
....

Pero, si adoptamos el modelo que nos ofrece la naturaleza para producir las cosas, lograremos pasar de la economía lineal –extraer, producir, consumir y tirar– a la economía circular; es decir, podremos convertir nuestros residuos en nuevos materiales en lugar de tener que desecharlos. Si volvemos a diseñar los productos, sus componentes y sus envases, crearemos materiales seguros que contribuirán a generar otros productos, o serán biodegradables y no dañarán ni contaminarán la Tierra. Aun así, tenemos que pensar qué hacer con los residuos no biodegradables, como las lavadoras, los móviles o las neveras.

3. ....
....

Adaptado de https://gestoresderesiduos.org/noticias/espana-ya-tiene-listo-el-borrador-de-su-primer-plan-de-economia-circular y de www.ellenmacarthurfoundation.org

RAE

LÉXICO

Español de España › nevera, frigorífico: *En la **nevera** hay de todo. Anda, haz algo, pon música.*
*¿Sabes deshelar el **frigorífico**?*
Español de América › refrigerador, heladera: *No tenemos **refrigerador** ni despensa, pero puedo ofrecerles un taco de frijoles.*
*Abrí la **heladera** y metí las dos botellas.*

Español de España › congelador: *Era media tarde y Mariana no había vuelto del trabajo. Extrajo del **congelador** los dos filetes de cazón que habían comprado para la semana.*
Español de América › *freezer*: *Ya hice las tartas. Las dejé en el **freezer**.*

Español de España › lavadora: *Carmen saca ropa mojada del tambor de la **lavadora** y la mete en la centrifugadora.*
Español de América › lavarropas: *Mi suéter favorito estaba totalmente arruinado. Ella lo había metido en el **lavarropas** con las toallas sin darse cuenta.*

2.2 **En grupos pequeños** Comparad vuestros resúmenes con los de otra pareja. ¿Se parecen?

3 **En grupos pequeños** En el último párrafo del artículo se plantea una cuestión: ¿qué podemos hacer con los materiales que no son biodegradables? Fíjate en la estructura de la siguiente frase y, siguiendo el modelo, plantea soluciones al problema.

Primera condicional
Para hablar de acciones futuras que dependen de una **condición** se usa la estructura *si* + presente de indicativo + futuro simple:
Si tengo tiempo, te llamaré.

Si volvemos a diseñar los productos, sus componentes y sus envases, crearemos materiales seguros y biodegradables que contribuirán a generar otros productos o a cultivar la tierra.

3.1 **Todo el grupo** Comparte las ideas de tu grupo con la clase. Tu profesor/a va a anotar en la pizarra todas las propuestas que se hacen.

3.2 [31] Estas personas han contestado también a la pregunta. Escucha y completa sus respuestas.

1. Si .... una licencia de uso de los dispositivos electrónicos, la empresa .... los componentes al finalizar su uso.

2. Si la empresa nos .... los nuevos componentes de los dispositivos por una pequeña cantidad a cambio de los antiguos, ... la vida útil de los aparatos.

3. Si se .... energías renovables en los transportes, el problema de la contaminación .... menor.

4. Si .... productos de cercanía, ... el transporte aéreo, que es el que más contamina.

3.3 **Todo el grupo** Compara las ideas de estas personas con las de la pizarra. ¿Coinciden? ¿Cuáles piensas que son fáciles de aplicar y cuáles no? ¿Por qué? ¿Crees que educar y concienciar sirven para cambiar los comportamientos actuales?

4 [32] Escucha la opinión de estos expertos que hablan sobre energías alternativas y actividades sostenibles. Relaciona cada intervención con su imagen correspondiente. ¿Cuál de ellas no se menciona? ¿Sabes en qué consiste?

☐ energía eólica

☐ coche eléctrico

☐ energía solar

☐ ecoturismo

5 **En parejas** ¿Cómo crees que serán dentro de 50 años la salud, los robots, los coches, la energía o los viajes espaciales? Tienes que justificar tu respuesta. Fíjate en el ejemplo.

Ejemplo: *Probablemente en 20 o 30 años la temperatura del planeta aumentará en 2 o 3 grados y por eso desaparecerán algunas especies y nacerán otras nuevas. Lo malo es que no serán cambios naturales, sino provocados por la acción del hombre.*

Hacer predicciones

- **Seguramente**
- **Probablemente**
- **Posiblemente**
- **Creo que**
- **Me imagino que**
- **Seguro que**
- **Supongo que**

\+ futuro simple

Seguro que en 50 años habrá menos enfermedades.

5.1 **Todo el grupo** Esto es lo que se prevé con respecto a los temas anteriores. ¿Coincides con los expertos?

opinionesdeciencia.es

José Luis Cordeiro, profesor de la Singularity University, en California, afirma: "Creo que los avances científicos nos darán la posibilidad de curar el envejecimiento. Ya se está haciendo a nivel celular y de tejidos, pero podremos hacerlo en todo el organismo. Yo no pienso morir, no está entre mis planes", aseguró.

De aquí a 50 años probablemente llegaremos a Marte. Los viajes espaciales responderán a la necesidad de supervivencia de nuestra especie por el impacto negativo que estamos provocando en el planeta y por la superpoblación.

En cuanto al transporte terrestre, estamos seguros de que dentro de medio siglo los coches serán autónomos y no necesitarán conductores.

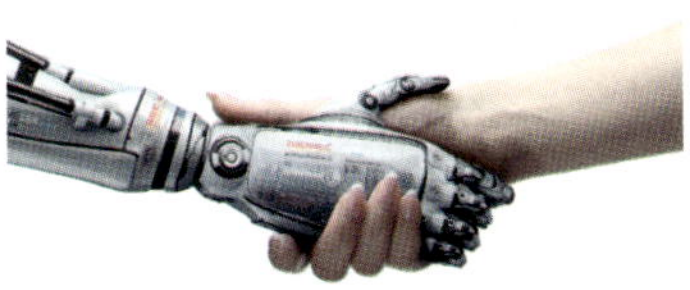

Los expertos imaginan un futuro en el que el aumento de la esperanza de vida y la soledad se convertirán en un problema y la robótica jugará un importante papel para su solución. En Japón ya se dan los primeros pasos en robots de acompañamiento de personas mayores y los avances son muy rápidos.

Si alguien piensa que dentro de 50 años las energías limpias y renovables moverán el mundo, se equivoca. O eso opina el geólogo Pedro Alfaro, catedrático de Geodinámica Interna. "Estamos viendo que el cambio a renovables va muy lento y el petróleo en 50 años no se acabará, así que es posible que sigamos igual". Alfaro considera que el problema de que se generalice el uso de las energías renovables y limpias es el coste. ¿La gente estará dispuesta a pagar más? Ya veremos...

Adaptado de http://www.laopiniondemalaga.es/sociedad/2017/06/12/futuro-espera-50-anos/936860.html

EL FESTIVAL DE CINE D

1 **Todo el grupo** ¿Qué festivales de cine conoces? ¿Te gusta seguirlos?

2 Lee el texto y contesta a las preguntas.

1. Nombra algún acontecimiento importante ocurrido en el Festival de San Sebastián.
2. ¿Qué categoría tiene el festival en el panorama mundial?
3. ¿Qué personajes famosos de los que se mencionan en el texto conocías?
4. ¿Qué utilidad tienen los festivales de cine?

El **Festival Internacional de Cine de San Sebastián** es un certamen cinematográfico de la máxima categoría (A) acreditada por la Federación Internacional de Asociaciones de Productores Cinematográficos (FIAPF), que lleva celebrándose desde 1953. Cada año, a finales de septiembre, un número importante de personalidades del mundo del cine acude a la ciudad vasca de San Sebastián (al norte de España) para participar en este festival de cine.

A lo largo de su historia, ha sido escenario de acontecimientos muy importantes, como el estreno internacional de dos películas de Alfred Hitchcock (*Vértigo* y *Con la muerte en los talones*) o el estreno europeo de la saga de *Star Wars*.

En su más de medio siglo de existencia, el festival ha descubierto nuevos talentos del mundo del cine impulsando las carreras de directores como Francis Ford Coppola o Pedro Almodóvar. Asimismo, todos los años acuden al festival figuras consagradas como Robert De Niro, Brad Pitt, Javier Cámara, Julia Roberts, Penélope Cruz, Javier Bardem o Ricardo Darín, entre otros muchos.

Concha de Plata a la mejor directora en la 65.ª edición del festival por su película *Alanis*. Foto: Jorge Fuembuena

Adaptado de https://es.wikipedia.org/wiki/Festival_Internacional_de_Cine_de_San_Sebastian

SAN SEBASTIÁN

Los premiados en la 65.ª edición del Festival de San Sebastián. Foto: Montse Castillo

Penélope Cruz y Javier Bardem, protagonistas de la película *Loving Pablo*, en la 65.ª edición del Festival de San Sebastián. Foto: Pablo Gómez

DONOSTIA ZINEMALDIA
FESTIVAL DE SAN SEBASTIÁN
INTERNATIONAL FILM FESTIVAL

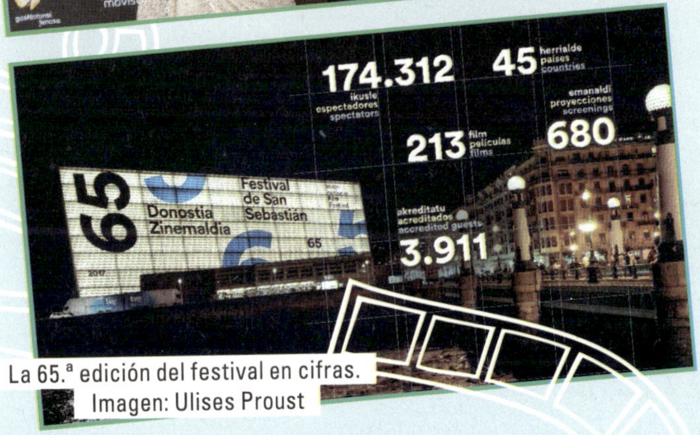

La 65.ª edición del festival en cifras. Imagen: Ulises Proust

En la actualidad, el festival se ha renovado y concede especial importancia al cine independiente de calidad internacional y muy especialmente al cine latinoamericano y español, capaz de atraer a aficionados y críticos, con una mayor presencia de actores y directores conocidos por el público.

Se entregan varios premios a lo largo del certamen, pero los más importantes son:

- Concha de Oro a la mejor película (para el productor).
- Concha de Plata al mejor director.
- Concha de Plata a la mejor interpretación protagonista.
- Premio del Jurado a la mejor fotografía.
- Premio del Jurado al mejor guion.

3 **Todo el grupo** ¿Sueles ver las películas que ganan los premios más importantes de cine en los diferentes festivales? ¿Por qué?

Vídeo

HOSTAL Babel

Dentro de mil años

Antes del vídeo

1 Fíjate en los siguientes recipientes y escribe su nombre.

1

....

2

....

3

....

4

....

1.1 **Todo el grupo** ¿Qué tienen en común estos envases? Discútelo con tus compañeros.

2 Carla, Leo y Tere preparan una cena especial. Completa la conversación con las palabras del recuadro y comprueba tu respuesta anterior.

residuos | bandejas | bolsas | desechables | degradarse | de vidrio | contaminantes | tetrabrik | plástico

Hugo: Pero… ¿qué compraron? ¡Verduras en envases de [1] ....! ¡Eso no se debe comprar nunca!

Tere: ¿No te gusta?

Hugo: No es por la verdura, es por esos horribles envases. Son muy contaminantes. ¿Sabes cuántos [2] .... producirá esta cena?

Carla: Pero, Hugo…

Hugo: ¡La fruta y la verdura nunca se deben comprar envasadas!

Leo: Vale, lo tendremos en cuenta para la próxima vez.

Hugo: ¡Esas [3] .... tardarán más de 30 años en degradarse! ¡Son muy [4] ....!

Tere: ¡Vaya!

Hugo: Y todas esas [5] .... de plástico están hechas de un material que se llama *polietileno*.

Leo: ¿Cómo?

Hugo: PO-LIE-TI-LE-NO… Esas cosas tardarán 150 años en desaparecer. ¡150 años!

[…]

Tere: Hugo, tranquilo. Mira, te hemos comprado zumo. ¿Te apetece uno?

Hugo: ¿Jugo en [6] ....? ¿Pero tú sabes cuánto tiempo necesitará eso para [7] ....?

Tere: Ay, hijo, ni idea…

Hugo: ¡Eso desaparecerá dentro de 500 años! ¡Ay! No me digan que también compraron vasos [8] ....…

Carla, Leo y Tere: ¡Sí!

Hugo: Esos vasos se hacen con polipropileno y estarán contaminando este planeta durante ¡1000 años!

Tere: ¡Qué pesadilla!

Hugo: ¿Para qué usamos vasos desechables si aquí en la cocina tenemos vasos [9] ....?

Carla: Bueno, pensamos que es más cómodo, porque no hace falta lavarlos. Se usan, se tiran y chau.

Durante el vídeo

3 Visiona el fragmento 01:53 ▶ 04:01, comprueba si tus respuestas anteriores son correctas y corrígelas en caso necesario.

4 Visiona todo el capítulo y haz un resumen de este. Recuerda que debes escribir las ideas principales de la historia.

5 Observa estos gestos en el vídeo. ¿Qué transmiten? ¿Enfado, extrañeza, tranquilidad...? Anótalo en cada caso y escribe también qué palabras usan los protagonistas para acompañarlos.

▶ 00:36 ....

▶ 01:11 ....

▶ 02:33 ....

▶ 02:40 ....

▶ 02:58 ....

▶ 03:10 ....

▶ 03:28 ....

▶ 04:00 ....

Después del vídeo

6 **En parejas** En el vídeo se mencionan las palabras *patatas*, *zumo*, *jugo* y *papas*. ¿A qué variedad de español pertenecen? ¿Al de España o al de Hispanoamérica?

7 **En parejas** ¿Recuerdas qué significa la palabra *heladera*? ¿En qué variante del español se usa? ¿Sabes qué otras palabras sinónimas hay y en qué variante se usan?

8 **Todo el grupo** ¿Estás de acuerdo con Hugo? ¿Crees que su postura es muy exagerada o es realista? ¿Cómo crees que será nuestro futuro en 150 años si seguimos utilizando bolsas de plástico, tetrabriks y productos desechables?

Evaluación

1 Elabora una lista de seis palabras o expresiones relacionadas con la economía circular.

1. ....
2. ....
3. ....
4. ....
5. ....
6. ....

2 Escribe debajo de cada imagen qué tipo de residuo es.

vidrio | otros residuos | peligroso | plástico y metal | cartón y papel | orgánico

1 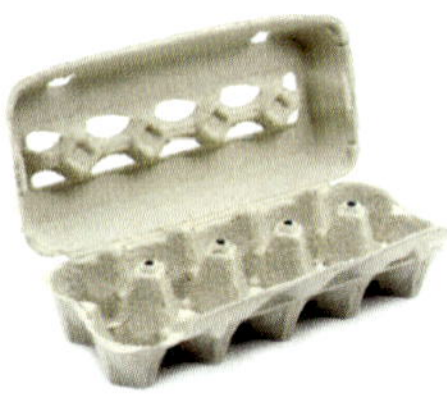

....

2 

....

3 

....

4 

....

5 

....

6 

....

3 Escribe dos usos del futuro simple y pon un ejemplo de cada uno.

1. ....
2. ....

4 Completa las frases con el futuro simple del verbo correspondiente.

acostarse | llegar | aprobar | hablar | llamar

1. No me gusta trabajar tantas horas. Mañana .... con mi jefe.
2. Si termino pronto, ... a mis amigos para salir un rato.
3. Esta noche .... temprano. Estoy cansadísimo.
4. Si estudias, ... el examen.
5. Lo siento, me he dormido y .... tarde.

5 Escribe el futuro simple de los siguientes verbos irregulares.

	Saber	Valer	Salir	Haber	Poner	Caber
yo						
tú						
él, ella, usted						
nosotros/as						
vosotros/as						
ellos, ellas, ustedes						

6 Escribe frases explicando tus planes para...

esta noche: ....

mañana: ....

el año que viene: ....

dentro de 10 años: ....

7 ¿Has pensado en cómo será tu español dentro de 15 años? Escribe una breve redacción.

Mi español dentro de 15 años ....

....

....

....

....

8 Lee la siguiente afirmación y continúa las frases con condiciones que, si se cumplen, mejorarán la salud del planeta.

"Cada uno de nosotros, con nuestra forma de vida, puede ayudar a mejorar el estado de salud del planeta en el que vivimos"

– Si ....

– Si ....

– Si ....

9 Marca las afirmaciones correctas.

1. ☐ El Festival de San Sebastián se celebra en el sur de España.
2. ☐ Durante el festival se estrenaron algunas películas de Alfred Hitchcock.
3. ☐ Al festival solo acuden personalidades del mundo del cine de España e Hispanoamérica.
4. ☐ El premio más importante es la Concha de Oro, que se concede a la mejor película.

Unidad

8

¿Qué te sugiere el título de la unidad?

¿Qué crees que están haciendo las personas de esta fotografía?

¿Sabes cómo se llaman las personas que crean publicidad?

Vuelve a mirar la imagen; ¿con qué palabras la asocias?

En línea

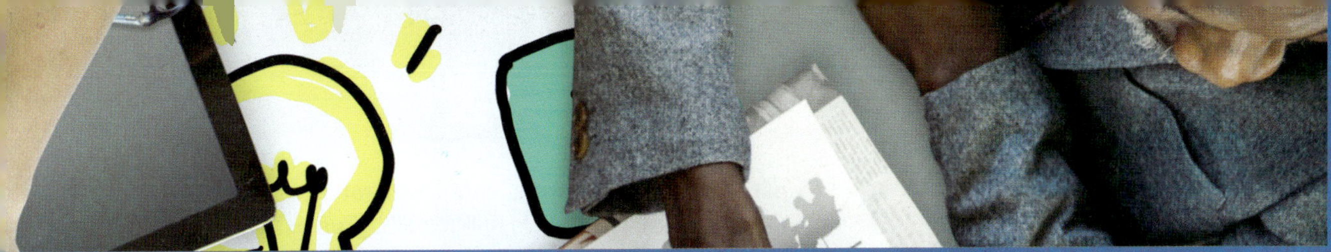

En esta unidad vas a. . .

- Conocer la publicidad en línea
- Dar órdenes, instrucciones, recomendaciones y permiso
- Expresar obligación
- Saber cómo era la publicidad de los años 80 en España

¿Qué sabes?

1 **En parejas** Fíjate en las siguientes fotografías. ¿Conoces palabras relacionadas con la publicidad? ¿Cuáles? Haz una lista. Luego compártela con tu compañero/a para llegar a una lista común.

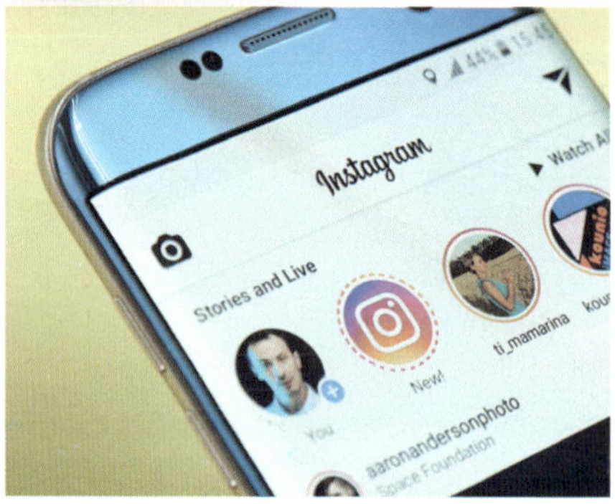

2 [33] Escucha los siguientes diálogos y completa las frases con la forma verbal que utilizan. ¿Recuerdas cómo se llama este modo verbal?

1. [1] .... el metro hasta plaza Universidad y después [2] .... andando 5 minutos hasta las Ramblas.
2. ¡[3] .... a Asturias! Es una región preciosa, con bosque y mar, y no hace mucho calor. ¡Te encantará!
3. Sí, claro. [4] .... la nevera y [5] ....
4. ¿Qué haces? ¡[6] .... aquí ahora mismo y [7] .... los deberes!

2.1 [33] Vuelve a escuchar y relaciona cada diálogo con su uso.

Diálogo 1	a. Dar permiso.
Diálogo 2	b. Dar órdenes.
Diálogo 3	c. Recomendar y aconsejar.
Diálogo 4	d. Dar instrucciones.

1.1 **En parejas** Lee el siguiente texto y explica de qué modo hace Miguel sus compras. Señala las palabras que te han ayudado a deducir la respuesta.

> Yo siempre hago las compras así porque es más barato, más cómodo y puedes leer información y opiniones de otros usuarios. Compro siempre con tarjeta de crédito porque muchas compañías protegen a los clientes que utilizan este tipo de tarjetas. También leo atentamente la información sobre privacidad de datos. ¡Hazlo siempre!

1.2 **Todo el grupo** ¿Qué recursos has utilizado para aprender de manera eficaz las palabras relacionadas con la publicidad y las compras en línea? Ordénalos de más a menos eficaces según tu opinión. Luego comparte tu clasificación con tus compañeros.

1. ☐ Relaciono las palabras con imágenes.
2. ☐ Escribo listas de palabras relacionadas con este ámbito.
3. ☐ Aprendo las palabras mediante la lectura de textos breves.
4. ☐ Memorizo las nuevas palabras.
5. ☐ Otros recursos: ....

....

3

En grupos pequeños ¿Sabes expresar órdenes o peticiones? Mira las imágenes. ¿Qué les dices a estas personas? Hay varias posibilidades. Fíjate en el ejemplo.

Ejemplo: *Apaga la tele, es tarde.*
¿Puedes apagar la tele, por favor?

Palabras

1 **En parejas** Estas palabras están relacionadas con internet y el mundo de la publicidad. ¿Sabes qué significan? Coméntalo con tu compañero/a.

1.1 **En parejas** Relaciona las definiciones con las palabras anteriores para comprobar tu respuesta.

1. ______ Número de veces que se publica un anuncio en un sitio web.
2. ______ Palabra o serie de palabras precedida por el símbolo de almohadilla (#).
3. ______ Página web en la que los internautas intercambian información creando una comunidad virtual.
4. ______ Acceso de una persona a un sitio web.
5. ______ Formato publicitario en internet con imágenes. A veces es interactivo y animado.
6. ______ Una publicación periódica enviada por correo electrónico a los usuarios de una web.
7. ______ Sistema informático para encontrar información almacenada en servidores web.
8. ______ Mensaje que se envía a través de la red social Twitter.

RAE

LÉXICO

Español de España

› banderola o *banner*: *Algunas organizaciones han colocado en sus páginas **banderolas** publicitarias que cualquiera puede copiar y colocar en su web.*

› etiqueta: *Navegando a través de la **etiqueta** se puede llegar a decenas de artículos sobre el mismo tema.*

› tuit: *Se pueden ver vídeos de lo que ocurre tras la cámara y una guía para seguir los **tuits** de los personajes de la serie.*

Español de América

› *banner*: *La versión gratis se financia mostrando un **banner** con publicidad en su interfaz.*

› *hashtag*: *El **hashtag** se incluye dentro del mensaje anteponiendo el símbolo # ante la palabra.*

› *tweet*: *Si se toma la decisión de usar la información de un **tweet**, debe referirse el nombre del usuario y textualmente lo que publicó.*

1.2 **En parejas** Lee las frases y sustituye las palabras destacadas por las correctas. Fíjate en el contexto.

1. Me encanta lo que dicen **los buscadores** del Instagram de Ana. ¡Son tan divertidas!
2. Ayer me llegó al correo electrónico el último **tuit** de tu web.
3. Lo que menos me gusta de internet son **las redes sociales**. Me pongo muy nervioso cuando aparece uno de ellos porque no me deja leer la noticia.
4. Raúl no puede vivir sin **las etiquetas**. Dice que es la mejor forma para comunicarse con amigos, conocer gente, hacer publicidad...
5. Sara ha sido muy desagradable en su último **boletín**. Ha revolucionado Twitter.
6. Para saber si una web es de calidad, debemos medir **la frecuencia**.
7. **La visita** de un anuncio en un sitio web es un factor importante para su éxito.
8. Mi vida profesional es más fácil con **los *banners***. Si tengo alguna duda o quiero buscar algo, los consulto.

2 **En grupos pequeños** Ana hace muchas compras en línea. Reescribe las frases utilizando las expresiones del recuadro.

- garantía por defecto
- tarjeta de crédito
- reputación
- gastos de envío
- política de devolución y reembolso del dinero

1. Me gusta saber la opinión de otros consumidores, comprobar si están satisfechos o no.
   › Me gusta investigar sobre la .... de la empresa.
2. Quiero saber qué pasa si un producto está estropeado.
   › Quiero saber si existe ....
3. Me informo sobre qué sucede si un producto no me gusta y quiero devolverlo. ¿Me ingresan el dinero en mi cuenta?
   › Me informo sobre la ....
4. Quiero saber si tengo que pagar por el envío de la compra.
   › Quiero saber si existen ....
5. No me gusta que retiren el dinero inmediatamente de mi cuenta bancaria.
   › Utilizo una ....

2.1 [34] Ahora escucha a Ana, comprueba si las respuestas anteriores son correctas y corrígelas en caso necesario.

2.2 [34] Escucha de nuevo y relaciona la información.

1. Ana busca siempre la identidad de las empresas...
2. En la página web se debe informar de si existe política de devolución...
3. Muchas compañías no informan de los gastos de envío...
4. Las tarjetas de crédito...
5. Ana quiere saber si hay una garantía en la compra del producto...

a. y luego los cobran.
b. son más seguras que las tarjetas de débito.
c. porque algunas no son conocidas.
d. porque a veces se compran cosas y al poco tiempo no funcionan.
e. y de cómo hacen el reembolso.

3 **Todo el grupo** ¿Y tú? ¿Eres de los que compran por internet como Ana? Comenta con tus compañeros lo que haces tú normalmente y por qué.

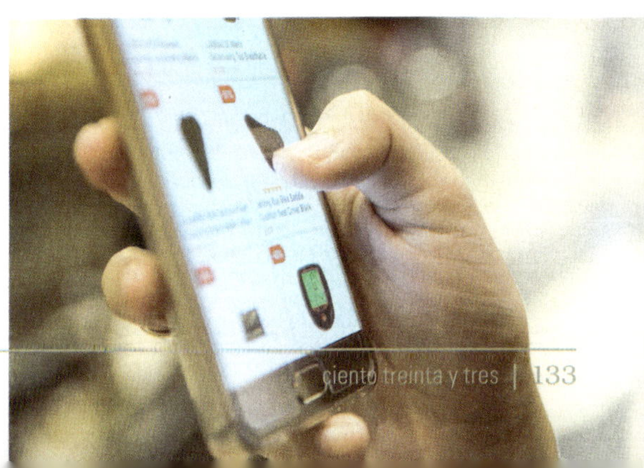

Gramática

1 Imperativo afirmativo y negativo

- **Imperativo afirmativo regular**:

	Hablar	Beber	Vivir
tú	habla	bebe	vive
usted	hable	beba	viva
vosotros/as	hablad	bebed	vivid
ustedes	hablen	beban	vivan

- El **imperativo afirmativo irregular** mantiene las irregularidades vocálicas del presente de indicativo:
  - e › ie: p**ie**nsa, p**ie**nse, pensad, p**ie**nsen
  - o › ue: c**ue**lga, c**ue**lgue, colgad, c**ue**lguen
  - u › ue: j**ue**ga, j**ue**gue, jugad, j**ue**guen
  - e › i: p**i**de, p**i**da, pedid, p**i**dan
  - i › y: hu**y**e, hu**y**a, huid, hu**y**an

- Otros irregulares:
  - **sé**, **sea**, sed, **sean**
  - **ten**, **tenga**, tened, **tengan**
  - **haz**, **haga**, haced, **hagan**
  - **pon**, **ponga**, poned, **pongan**
  - **sal**, **salga**, salid, **salgan**
  - **ven**, **venga**, venid, **vengan**
  - **ve**, **vaya**, id, **vayan**
  - **di**, **diga**, decid, **digan**
  - **oye**, **oiga**, oíd, **oigan**

- El **imperativo negativo** se forma a partir de la forma *usted* del afirmativo añadiendo *-s* para *tú* e *-is* para *vosotros/as*:

	Hablar	Beber	Vivir
tú	no hables	no bebas	no vivas
usted	no hable	no beba	no viva
vosotros/as	no habléis	no bebáis	no viváis
ustedes	no hablen	no beban	no vivan

- El **imperativo negativo irregular** tiene, por regla general, las mismas irregularidades que la forma *usted* del imperativo afirmativo:

Empezar	Dormir	Pedir	Sentir	Tener	Salir	Decir
no empieces	no duermas	no pidas	no sientas	no **tengas**	no **salgas**	no **digas**
no empiece	no duerma	no pida	no sienta	no **tenga**	no **salga**	no **diga**
no empecéis	no durmáis	no pidáis	no sintáis	no **tengáis**	no **salgáis**	no **digáis**
no empiecen	no duerman	no pidan	no sientan	no **tengan**	no **salgan**	no **digan**

Recuerda:
- En imperativo afirmativo, la persona *vosotros/as* es siempre regular.
- Hay verbos con cambios ortográficos: *no apagues, practique, no cojas, realice...*

En el imperativo negativo:
- Los verbos en *e › ie, o › ue* son regulares en *vosotros/as*: *no empecéis, no volváis...*
- *Dormir* y *morir* tienen la irregularidad *o › u* en *vosotros/as*.
- Los verbos en *e › ie* terminados en *-ir (divertirse, sentir...)* cambian *e › i* en *vosotros/as*.

RAE

GRAMÁTICA
- En el español de América, tú y vos alternan en el imperativo negativo según las zonas geográficas: *(tú) no cantes/(vos) no cantés, (tú) no comas/(vos) no comás, (tú) no partas/(vos) no partás...*
- La forma voseante del imperativo negativo, tanto regular como irregular, se forma a partir de la persona *vosotros/as* del imperativo negativo que acabas de estudiar, suprimiendo la ***i*** de la terminación: *no cantéis › no cantés; no seáis › no seás; no tengáis › no tengás; no durmáis › no durmás...*

*No **empecés** vos ahora con tu melancolía, que bastante bien te va yendo en la vida.*

1.1 Transforma los imperativos afirmativos en negativos.

1. Compra ese ordenador. ....
2. Deja encendida la pantalla. ....
3. Deme sus datos bancarios. ....
4. Volved mañana. ....
5. Responded en español. ....
6. Escribe en el libro. ....
7. Mirad las soluciones. ....
8. Haz una lista. ....

1.2 **En este diálogo ficticio, un gato, Fredy, habla con su dueño, Carlos. Reconstruye el diálogo escribiendo los verbos en imperativo afirmativo o negativo, según corresponda.**

Carlos: Fredy, ¿dónde estás?

Fredy: Aquí estoy, solo. Dentro de la maleta.

Carlos: Pues [1] .... (abrir) la maleta y [2] .... (salir).

Fredy: ¡Voy!

Carlos: ¡No, no [3] .... (salir) todavía!

Fredy: ¿Qué pasa?

Carlos: Nada, el perro del vecino. Ya se ha ido. [4] .... (Salir) ahora y [5] .... (venir) conmigo.

Fredy: Vale.

Carlos: Mira, [6] .... (subir) a lo alto de este árbol. ¿Ves ese parque que hay a lo lejos?

Fredy: Sí.

Carlos: Pues [7] .... (ir) hasta allí. Hay muchos otros gatos. ¡Cuidado! No [8] .... (pasar) por esa calle, hay mucho tráfico.

Fredy: ¡Ah! ¡Qué miedo! [9] .... (Acompañarme, tú).

Carlos: No [10] .... (ponerme) excusas. [11] .... (Ir) allí y [12] .... (relacionarse); no es bueno estar solo.

2 Imperativo y pronombres

- En el imperativo **afirmativo** los pronombres van después del verbo y forman una sola palabra con él *(ábre**la**, levánte**se**)*.
  - Cuando hay dos pronombres, uno de objeto directo y otro de objeto indirecto, el orden es: imperativo + pronombre de OI + pronombre de OD: *dímelo*.
  - Como ocurre con otras formas verbales, si el objeto indirecto es de 3.ª persona *(**le**, **les**)* y coincide con un objeto directo *(**lo**, **la**, **los**, **las**)*, ***le***, ***les*** se sustituyen por ***se***: *díselo*.
  - Con el pronombre ***os***, la ***-d*** del imperativo afirmativo de 2.ª persona del plural desaparece: *Lava~~d~~os las manos.* › *Lava**os** las manos.*
- En el imperativo **negativo** los pronombres se colocan delante del verbo, igual que ocurre con otros tiempos verbales:

  *No **lo** comas.* *No **os** acostéis tan tarde.* *No **se lo** deis.*

2.1 **En parejas** **Nicole publica un artículo en su Facebook con instrucciones de cómo hacer una compra en línea de forma segura. Ayúdala a sustituir las palabras resaltadas por un pronombre.**

Para hacer una **buena compra por internet**, debes tener en cuenta muchos factores:

- Es importante asegurarse de que la empresa existe. Busca la empresa por internet. Mira si tiene página web y visita la página web.
- Un buen antivirus te va a ayudar a hacer la compra de manera segura. Utiliza el antivirus.
- ¿Conoces el producto que vas a comprar? Lee con mucha atención la descripción del producto y no compres el producto sin leer antes la letra pequeña.
- Tu ordenador es el mejor lugar para hacer la compra en línea. No realices compras en línea desde un ordenador ajeno o desde una red wifi abierta.
- Introduce el número de tu tarjeta de crédito o débito. Si hay gente a tu alrededor, no muestres tu número a la gente.

¡Disfruta de comprar por internet!

Practica en contexto

1 **En grupos pequeños** Observa estos anuncios y di qué tienen en común. ¿Cuál de los tres medios publicitarios te parece más efectivo? ¿Por qué?

1.1 Lee los comentarios de este foro sobre publicidad y escribe una entrada. Fíjate en las expresiones en negrita que expresan obligación o posibilidad.

Publicidad y éxito

Ana Con la publicidad en internet **se puede llegar** a muchas personas y no es necesario invertir mucho dinero. El anuncio **tiene que tener** un buen diseño y su título o eslogan **debe ser** claro, original y breve.

Esteban Internet **puede ser** un buen medio para anunciar un producto, pero, si quieres tener éxito, **debes hacerlo** en televisión. Casi todos vemos la tele a diario y siempre escuchamos lo que nos quieren vender. En cambio, cuando leemos un artículo por internet y aparece un *banner* lo cerramos rápidamente sin mirarlo.

Marcos Primero **tienes que conocer** bien el medio y saber por qué la publicidad en internet es tan importante. Luego **puedes ver** qué tipos de anuncios existen y asesorarte. Si lo haces bien y creas una buena campaña de publicidad en línea, ganarás mucho dinero.

Sara Ahora la televisión ya no es tan efectiva como antes. Por ello **debes tener** una presencia activa en las redes sociales (blogs, Facebook, Instagram...). También es muy importante contar con una buena estrategia de *marketing* en línea.

Yo ....

....

....

1.2 **En grupos pequeños** Ahora intercambia impresiones con tus compañeros de grupo sobre este tema.

Expresar obligación

- ***Deber*** + infinitivo
  *El título de un anuncio **debe** ser breve y conciso.*
- ***Tener que*** + infinitivo
  *Los anuncios **tienen que** tener un diseño llamativo y un banner muy visual.*

Expresar posibilidad o capacidad

- ***Poder*** + infinitivo
  *Haremos la fiesta dentro de casa porque **puede** llover.*
  *Con internet **podemos** llegar a un mayor número de personas por poco dinero.*

2 [35] **Adriana escribe a un amigo para contarle lo que ha oído en una conferencia sobre publicidad en internet, pero hay algunas cosas que no ha entendido bien y hay cuatro datos incorrectos. Lee el correo, luego escucha la conferencia, anota los errores y corrígelos.**

De: adriana@gmail.com Para: david@gmail.com Asunto: Nuevo negocio a la vista

¡Hola, David! ¿Cómo estás?

Yo sigo entusiasmada con la idea de montar nuestra empresa. Ayer fui a una conferencia en la que un experto hablaba de la importancia de las redes sociales para promocionar cualquier tipo de producto. La charla fue muy interesante, aunque hay cosas que creo que no entiendo.

Lo primero que dice es que tenemos que elegir una red social con muchos seguidores, excepto Facebook porque es minoritaria. Además comenta que es muy importante incluir *hashtags* específicos para nuestra audiencia, pero que no debemos destacarlos para que se confundan con el resto de la información, a mí esto me parece un poco raro... También habló de Twitter. Cree que tenemos que usar anuncios en Twitter, pero con cuidado, porque pueden tener un efecto negativo en nuestro negocio. Y le parecía que utilizar material audiovisual no aportaba nada; ¡qué raro!, ¿verdad?

Hay cosas que me parecen un poco raras. ¿Qué te parece si buscamos la conferencia en internet y la escuchamos juntos? Yo creo que no me he enterado muy bien... ¿Me echas una mano?

¡Muchos besos!

Adriana

Error	Correcto
1. *[...] excepto Facebook porque es minoritaria.*	1.
2.	2.
3.	3.
4.	4.

Dar consejos, instrucciones y órdenes

- Para dar **consejos** e **instrucciones** es muy frecuente el uso del imperativo:
  __Leed__ bien los enunciados del examen antes de contestar. Así evitaréis errores.
  __Disfrutad__. ¡Estáis de vacaciones!
  __Sigue__ recto y __coge__ el metro en plaza de España.
- Para dar **órdenes** se usa el imperativo en situaciones familiares o donde hay confianza. También se puede usar en otros contextos, pero acompañado de palabras como ***por favor, si no te importa, si no es molestia***, etc., para no ser descorteses:
  __No entres__ en la cocina. El suelo está mojado.
  Mario, __por favor, si no te importa, tráeme__ el informe del Sr. Ávalos.
- En las órdenes generales y letreros dirigidos a un interlocutor desconocido, también puede usarse el imperativo:
  __Conduzca__ con precaución.
  __Tengan__ cuidado con el escalón.

3 **En grupos pequeños** Tu mejor amigo quiere hacer publicidad de su nuevo negocio en internet y está un poco perdido. Combina los verbos y las expresiones para darle consejos e instrucciones utilizando el imperativo. Puede haber varias opciones.

elegir	utilizar, usar	buscar	poner en marcha
incluir	publicar	incentivar	diseñar

dominio	banderola o *banner*	imagen de marca
etiqueta o *hashtag*	foto impactante	concurso
red social	vídeo	contenido
anuncio publicitario	usuario	palabra clave
tuit		

3.1 **Todo el grupo** ¿Alguna vez has hecho tú o alguien de tu entorno publicidad en internet? ¿De qué? ¿Cómo lo habéis hecho? ¿Habéis obtenido buenos resultados?

4 **Todo el grupo** ¿Conoces estas empresas? ¿Sabes a qué se dedican? Describe su actividad. Puedes buscar información en internet.

4.1 **En parejas** ¿Qué otras tiendas en línea conoces? ¿Cuáles usas más? ¿Por qué?

4.2 [36] Tres personas hablan de sus experiencias comprando por internet. Escúchalas con atención, lee las afirmaciones y señala a quién corresponde cada una.

	Alba	Martín	Juanjo
1. Cree que debemos desconfiar cuando un producto es demasiado barato.	☐	☐	☐
2. Lo más seguro es comprar en foros donde la comunidad es más o menos conocida.	☐	☐	☐
3. Compró un producto de segunda mano y poco después de comprarlo ya no funcionaba.	☐	☐	☐
4. Ha comprado y también ha vendido muchas cosas por internet y nunca ha tenido problemas.	☐	☐	☐
5. No ha tenido ningún problema con la compra de ropa por internet.	☐	☐	☐

4.3 ¿Has tenido tú o alguien de tu entorno alguna experiencia similar? ¿Con cuál te sientes más identificado/a? Escribe un texto donde expliques tu propia experiencia y da tus propios consejos para comprar por la red de manera segura. Toma como muestra el audio de la actividad anterior.

No compres en una web o empresa desconocida porque...

4.4 **Todo el grupo** Comparte con tus compañeros tu experiencia y tus consejos. ¿Cuál de ellos creéis que es el más importante?

5

En parejas Mira las fotos y, según la situación, pide permiso o formula peticiones a tu compañero/a o bien concédele permiso o responde afirmativamente.

Ejemplo: ▶ *¿Puedo coger tu paraguas?/Déjame tu paraguas, por favor; es que está lloviendo y tengo que salir un momento.*
▷ *Por supuesto, cógelo.*

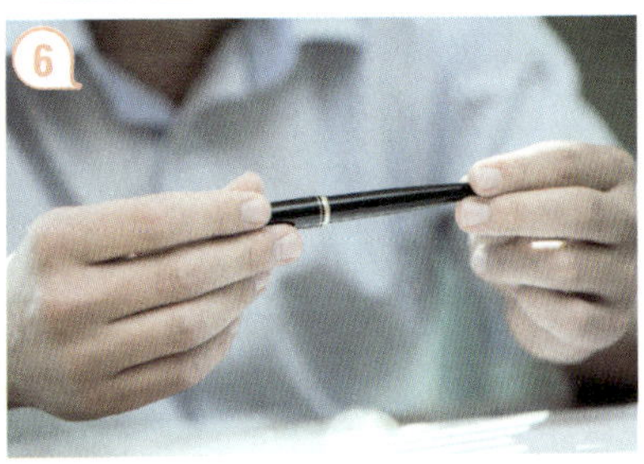

Pedir permiso y formular peticiones

Para **pedir permiso** y **formular peticiones**, puedes usar:

- *¿**Poder** + infinitivo?*
  *¿**Puedo** pasar?*
  *¿**Podemos** salir antes del trabajo?*
- Imperativo
  ***Ayúdame** a terminar este trabajo, por favor.*
  ***Comprad** el pan antes de volver a casa.*

Conceder permiso

Para **conceder permiso** y **responder afirmativamente** a una petición, puedes usar:

- ***Sí, sí,/Claro que sí,/Desde luego,/Por supuesto,*** + imperativo
  ▶ *¿Puedo entrar?*
  ▷ ***Por supuesto**, pasa.*
- Imperativo **repetido**
  Sí, pasa, pasa.

La publicidad de los años 80

1 **En parejas** Lee el texto y ordena los párrafos correctamente. Después compáralo con tu compañero/a.

☐ Prueba de ello fue Naranjito, la mascota de la Copa Mundial de Fútbol organizada por España en el año 1982. El personaje representaba una naranja, fruto típico de la zona de Valencia y Murcia.

☐ La publicidad siempre ha sido reflejo de las sociedades en las que nace y esos años fueron una época de apertura social y vanguardismo en España. Se vivía una buena situación económica y los anunciantes aumentaron su inversión publicitaria.

☐ Durante los años 80, España se convirtió en la tercera potencia mundial en materia creativa y publicitaria. Los resultados obtenidos por las agencias y marcas durante esta época han servido para inspirar a toda una generación de creativos.

☐ La salud empezaba a ser uno de los grandes argumentos de los productos de alimentación, con muchas marcas que concienciaban a los consumidores sobre la importancia de mantener una dieta sana y equilibrada.

2 Observa estos productos de los 80 junto a su eslogan y relaciónalos con su significado.

Un eslogan es bueno cuando sobrevive a la marca, es decir, cuando todo el mundo lo recuerda aunque hayan pasado años y generaciones. Eso es lo que ocurre con algunos de los mejores eslóganes de la historia de la publicidad, que se convierten en inmortales.

1. ☐ Mensaje sencillo, contundente y tremendamente efectivo para vender un detergente para lavar la ropa.
2. ☐ Presenta dos modelos: uno transparente para una escritura de grosor normal y otro de color naranja para una escritura más fina.
3. ☐ El origen de este eslogan, que se utiliza habitualmente para resaltar las bondades del paso del tiempo en los rostros, no tiene nada que ver con la piel humana, sino con un tejido, el lino.
4. ☐ Este eslogan se utilizó por primera vez en las campañas que una marca de bebida gaseosa emitió por televisión y que tuvo muy buena acogida por parte del público.
5. ☐ Crema de cacao para untar que se promocionó con una canción que citaba sus ingredientes básicos, partiendo de los más a los menos nutritivos.
6. ☐ Publicidad que tenía el objetivo de ensalzar la familia, la amistad, el hogar y los momentos especiales que compartimos con las personas que queremos.

3 **Todo el grupo** Visiona en internet los anuncios de los productos anteriores. ¿Se parecen a los que se emiten en la actualidad?

HOSTAL Babel

Lámparas *online*

Antes del vídeo

1 **Todo el grupo** ¿Conoces estos logos? ¿Sabes qué redes sociales representan?

1.1 Explica con tus propias palabras las características de las redes sociales anteriores.

1. ....
2. ....
3. ....

1.2 **Todo el grupo** Comparte tus definiciones con tus compañeros. ¿Son similares? ¿Cuál os parece más completa?

2 Ya conoces bien a los protagonistas del hostal Babel. En este episodio intervienen Bea, Tere y Carla, y en algún momento hablan de Leo. Con la información que tienes de ellos, responde a las siguientes preguntas.

1. ¿Quién cree que Instagram es la red social que está más de moda?
2. ¿Quién prefiere usar Facebook?
3. ¿A quién le gusta Twitter?
4. ¿Hay algún personaje en contra de las redes sociales?
5. ¿Qué consejo les da Bea a Carla y a Tere sobre las redes sociales?

2.1 **En parejas** Comparte tus respuestas anteriores con tu compañero/a y, si no estáis de acuerdo, defiende tu postura.

Durante el vídeo

3 Visiona el fragmento 00:30 ▶ 03:15, toma notas y comprueba tus respuestas anteriores.

> Tomar notas durante una proyección audiovisual te ayudará a retener la información importante y te permitirá realizar la tarea propuesta con más eficacia.

4 **Visiona el fragmento 03:15 ▶ 04:15 y relaciona la información con Bea (B), Tere (T) o Carla (C).**

1. ☐ Desconfía de las compras por internet.
2. ☐ No le gustan mucho las compras *online*.
3. ☐ Quiere hacer una compra *online*.
4. ☐ Cree que comprar por internet es seguro.
5. ☐ Piensa que se puede comprar de todo por internet.
6. ☐ Es la primera vez que compra por internet.

5 **Visiona el fragmento 04:15 ▶ 05:41 y completa el diálogo con las expresiones que faltan.**

Carla: ¿Ya encontraste [1] .... que estabas buscando?

Bea: Creo que sí. Pero mira, me sale esto que no sé qué es...

Tere: Eso es [2] .... Ignóralo.

Bea: ¿Ignorarlo? ¿Cómo?

Carla: [3] .... para cerrar.

Bea: Vale, ya. Cerrado.

Tere: Ahí tienes la lámpara. Es esa, ¿verdad? Pues [4] .... ahí para seleccionarla.

Bea: Sí, pero mira, me sale otro *banner* de esos.

Tere: [5] ...., solo es publicidad de otra lámpara. [6] .... Tú pulsa directamente en [7] .... "comprar".

Bea: Espera, en este *banner* me sale esta otra lámpara: "Flexo de lectura". [8] ...., eso parece interesante... Creo que voy a comprar este flexo para el salón.

Tere: Oye, pero eso no es lo que necesitabas, ¿no?

Bea: No, pero ya te he dicho que este catálogo *online* es muy interesante.

Carla: Pero, querida, [9] .... de lo que realmente querés comprar.

Bea: Sí, es cierto... Vamos a comprar la... ¡[10] ....! Esta otra lámpara blanca es perfecta para la cocina. ¡Es estupenda! ¡Quiero comprarla también!

Carla: ¡Pero, Bea!

Bea: [11] .... ¡Oferta de dos lámparas al precio de una! Voy a comprar las dos.

Tere: ¡Bea!

Bea: ¡Y, si compras tres, no te cobran [12] ....! ¡Qué bueno! Voy a comprar esta también.

Después del vídeo

6 **En parejas** En el vídeo, Bea está haciendo una compra por internet. ¿Cuál era su intención antes de entrar en la página web? ¿Y después? Coméntalo con tu compañero/a.

7 **Todo el grupo** El episodio termina con la frase: "¡No te dejes manipular por los anuncios, amiga mía!". ¿Crees que la publicidad en internet influye para que compremos más? ¿Crees que es más fácil comprar cosas innecesarias cuando se hace por internet o piensas que es al contrario?

8 **Todo el grupo** ¿Qué relación tienes tú con las redes sociales? ¿Cuál es la que te gusta más? ¿Y la que menos? ¿Por qué?

Evaluación

1 Escribe cuatro palabras relacionadas con los siguientes ámbitos.

Publicidad en internet	Compras en línea
1.	1. ....
2.	2. ....
3.	3. ....
4.	4. ....

2 Elige cuatro de las palabras anteriores y escribe una frase con sentido con cada una.

1. ....
2. ....
3. ....
4. ....

3 ¿Cuál es la función del imperativo en las siguientes frases?

1 Al llegar al hotel, gira a la derecha.

2 Lee el informe con calma. Es muy complicado.

3 ¡No me hables!

4
▶ ¿Puedo ir a la fiesta, por favor?
▷ De acuerdo, ve, pero vuelve pronto, ¿eh?

4 **En parejas** Completa los siguientes consejos con los verbos del recuadro en imperativo negativo y piensa un título para el decálogo.

colgar | introducir | abrir | olvidar | dar | hacer | publicar | usar | dejar | entrar

DECÁLOGO PARA ....

1. .... fotos de menores sin el consentimiento de sus padres o responsables.
2. .... siempre la misma contraseña.
3. .... datos personales si estás usando una red wifi pública.
4. .... información de tu viaje si estás fuera de vacaciones.
5. .... correos electrónicos de desconocidos.
6. .... en páginas de descargas ilegales.
7. .... borrar datos del navegador.
8. .... clic en enlaces poco fiables.
9. .... información personal a desconocidos en redes sociales.
10. .... de seguir nunca los consejos anteriores.

5 **Dale a tu compañero/a cinco instrucciones para hacer una compra en línea segura. Pueden ser afirmativas o negativas.**

1. ...
2. ...
3. ...
4. ...
5. ...

6 **Reescribe las frases sustituyendo las partes en negrita por pronombres.**

1. Busca **la empresa** por internet. ...
2. No compres **los libros a tus hijos** por internet. ...
3. Paga **la compra** ahora. ...
4. No realices **pagos en línea** desde una red pública. ...
5. No muestres **tu número a la gente**. ...

7 **Lee las frases y escribe el consejo que le/s puedes dar.**

1. Tu padre come demasiado y últimamente ha engordado mucho.
...
2. Lucía y Nico están gritando y molestan a sus compañeros.
...
3. No hace frío y los niños van muy abrigados.
...
4. Tu amigo duerme muchas horas y luego está cansado.
...
5. La conferencia va a comenzar y ellos no han entrado aún.
...

8 **Di si las siguientes afirmaciones sobre la publicidad de los años 80 en España son verdaderas o falsas.**

1. Los eslóganes sobreviven siempre a la marca. ... V F
2. En el Mundial de Fútbol del 82 se creó una mascota a partir de una naranja. ... V F
3. La publicidad española se convirtió en los años 80 en una de las más importantes del mundo. ... V F
4. La nocilla es una especie de mermelada de frutas. ... V F
5. Según el eslogan, el Bic Naranja hace un trazo más gordo. ... V F
6. En los años 80 España vivió una época de crisis económica. ... V F

9 **¿Qué contenido de esta unidad crees que debes trabajar más? Piensa en un modelo de actividad para practicarlo: de gramática, de léxico, de comprensión de lectura, de práctica oral, etc., y explica por qué crees que es la actividad más adecuada.**

Creo que debo trabajar más ...
Puedo mejorar este contenido haciendo una actividad de ... porque
...
...

Unidad

9 Compartir espacios

¿Qué están haciendo los miembros de esta familia?
¿Sabes el nombre de alguna de estas tareas?

¿Hay alguna tarea del hogar que te gusta hacer?

¿Sabes expresar en español un deseo y una prohibición?

¿Qué están bailando las personas de la foto?

En esta unidad vas a...

- Expresar deseos
- Dar consejos
- Expresar permiso y prohibición
- Conocer algunos ritmos latinos y a sus principales representantes

¿Qué sabes?

1 **En grupos pequeños** Observa la imagen de la casa y completa los nombres de las estancias y objetos señalados.

2 **En parejas** Vas a ayudar a un/a amigo/a con la decoración de su salón. Dile dónde puede poner cada cosa.

Para **dar consejos** puedes usar estas expresiones:

- Te aconsejo
- Te recomiendo
- Puedes

\+ infinitivo

- Imperativo

Puedes poner el sofá a la derecha, debajo de la ventana.
Coloca la mesa en el centro de la habitación.

RAE

LÉXICO

Español de España › salón: *Nunca se había encontrado así, tan fresca, tan distinta, sentía Paula sentada en el **salón** de su ático, recién vestida ya y con un refresco de té.*

Español de Argentina › *living*: *Toman el café recién preparado en el* **living**.

Español de América › sala: *Cruza la **sala**, desde su habitación hasta una puerta que debe de conducir al baño.*

Español de España › dormitorio: *Un pequeño apartamento en la calle de San Bernardo, compuesto por un **dormitorio** mínimo, una sala que cumplía las funciones de estudio, salón y comedor, y una cocina.*

Español de Argentina › pieza: *"¿Van a pasar aquí la noche? Hay **piezas** disponibles" –les indica Rosa.*

Español de América › cuarto: *En el corredor del primer piso las puertas de los **cuartos** están cerradas.*

1.1 **En grupos pequeños** ¿Conoces el nombre de algún otro mueble, objeto doméstico o parte de la casa que aparece en la imagen? ¿Y de los que no están? Haz una lista e indica cuál es su sitio habitual en la casa.

Ejemplo: *El televisor lo podemos poner en el salón, pero también en el dormitorio o en la cocina porque es grande.*

3 **En parejas** Observa la imagen. ¿Qué tienen que hacer los dueños de la casa para ordenar y dejar limpia la habitación?

Ejemplo: *Tienen que limpiar la mesa.*

Palabras

1 Escucha la descripción que hace Marina de su nueva casa y completa.

[37]

1. Tiene el .... muy alto porque es un .... antiguo.
2. El .... es de madera en casi toda la casa.
3. Excepto una .... del salón, que es gris, todo está pintado de blanco.
4. Hay un .... que separa el salón de los dos dormitorios.
5. El piso está completamente ....
6. La .... y el bidé son completamente nuevos.
7. El .... es de esos modernos de cristal.
8. Además de ducha, también hay una .... con *jacuzzi*.

1.1 **En parejas** ¿Sabes qué significan todas las palabras de la actividad anterior? Si es necesario, vuelve a escuchar el audio. Luego relaciónalas con las imágenes.

....

....

....

....

....

....

....

....

....

1.2 Ahora vuelve a escuchar el audio y subraya las palabras que cambian según la variante del español de América.

[37]

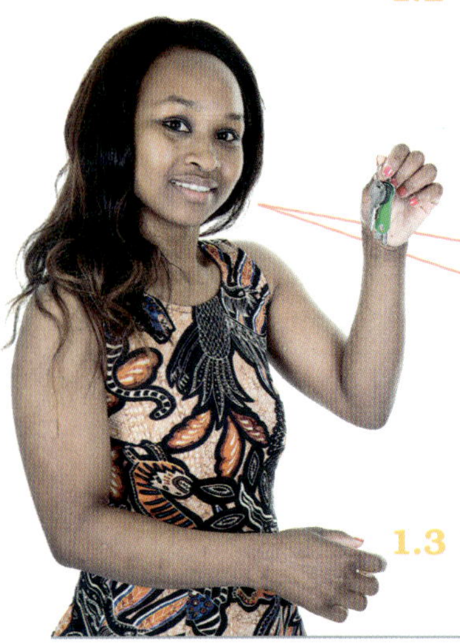

Pues mi nuevo departamento está muy bien y, además, es bastante barato. Tiene el techo muy alto porque es un edificio antiguo, pero está en muy buen estado, no te creas. El piso es de madera en todo el departamento menos en la cocina y en el baño. Las paredes son todas blancas, excepto una pared de la sala, que es gris. Hay un pasillo que separa la sala de los dos cuartos. Es bastante largo, pero muy luminoso porque tiene una ventana. El departamento está completamente amueblado. Los muebles están muy bien. Hay un clóset en cada habitación, un sofá muy cómodo en la sala y un par de sillones. La cocina está bien equipada: tiene refrigerador, lavaplatos, lavarropas... y todo bastante nuevo. Pero lo mejor es el baño: es muy bonito. El inodoro y el bidé son completamente nuevos. El lavamanos es de esos modernos de cristal y, además de regadera, también hay una tina con *jacuzzi*.

1.3 Escribe una descripción de tu casa utilizando el vocabulario nuevo que has aprendido.

2 **En parejas** Lee el plan que ha hecho Esteban para mantener limpia su casa y escribe el día correspondiente debajo de cada imagen. ¿Te parece un buen plan? ¿Qué crees que debería cambiar?

1 
....

2 
....

3 
....

4 
....

5 
....

6 
....

7 
....

8 
....

- Lunes: limpiar el cuarto de baño.
- Martes: pasar la aspiradora.
- Miércoles: poner la lavadora.
- Jueves: fregar el suelo.
- Viernes: quitar el polvo.
- Sábado: limpiar la cocina.
- Domingo: fregar los platos.
- Cada día: bajar la basura.

RAE

LÉXICO

Español de España
- Limpiar el cuarto de baño.
- Poner la lavadora.
- Fregar el suelo.
- Quitar el polvo.
- Limpiar la cocina.
- Fregar los platos.
- Bajar/Sacar la basura.

Español de México
- Alzar el baño.
- Poner la lavadora.
- Trapear el piso.
- Sacudir el polvo.
- Alzar la cocina.
- Lavar los trastes.
- Sacar la basura.

Español de Argentina
- Limpiar el baño.
- Poner el lavarropas.
- Limpiar el piso.
- Sacar el polvo.
- Limpiar la cocina.
- Lavar los platos.
- Sacar la basura.

2.1 [38] Esteban está enseñando su nuevo apartamento a su amiga Rocío y le explica su plan de mantenimiento. Escucha la conversación. ¿Qué piensa Rocío del plan de Esteban?

2.2 [38] Escucha el audio otra vez y escribe las tareas del hogar que corresponden a estas tres imágenes.

1 
....

2 
....

3 
....

2.3 **En parejas** ¿Qué tareas del hogar prefieres hacer tú? ¿Cuáles te gustan menos?

Gramática

1 Presente de subjuntivo regular

El **presente de subjuntivo regular** tiene las siguientes terminaciones:

	Trabajar	Comer	Escribir
yo	trabaje	coma	escriba
tú	trabajes	comas	escribas
él, ella, usted	trabaje	coma	escriba
nosotros/as	trabajemos	comamos	escribamos
vosotros/as	trabajéis	comáis	escribáis
ellos, ellas, ustedes	trabajen	coman	escriban

Fíjate:
Los verbos en *-er* e *-ir* tienen las mismas terminaciones.

1.1 Completa las formas que faltan.

Hablar	hable			hablemos		hablen
Romper		rompas	rompa		rompáis	
Vivir	viva			vivamos		vivan

2 Presente de subjuntivo irregular

- Las formas irregulares en presente de subjuntivo se construyen a partir de las formas irregulares en presente de indicativo con algunos cambios.
- Verbos con **irregularidad vocálica**:

e > ie Pensar	o > ue Volver	e > i Pedir	i > y Huir
piense	vuelva	pida	huya
pienses	vuelvas	pidas	huyas
piense	vuelva	pida	huya
pensemos	volvamos	pidamos	huyamos
penséis	volváis	pidáis	huyáis
piensen	vuelvan	pidan	huyan

Fíjate:
- Los verbos que cambian *e* > *i* e *i* > *y* son irregulares en **todas las personas** en presente de subjuntivo.
- Los verbos *morir* y *dormir*, además del cambio *o* > *ue*, cambian *o* > *u* en las personas *nosotros/as* y *vosotros/as*: *durmamos, durmáis; muramos, muráis.*

- Los verbos que tienen irregular la **persona *yo*** del presente de indicativo también son irregulares en presente de subjuntivo, pero en todas las personas: hacer > **hago** > **haga, hagas, haga, hagamos, hagáis, hagan**.
  - Otros verbos: oír > **oiga**; poner > **ponga**; caer > **caiga**; conducir > **conduzca**...
- Algunos verbos tienen una **irregularidad propia** en este tiempo:

Estar > **esté, estés, esté, estemos, estéis, estén**
Haber > **haya, hayas, haya, hayamos, hayáis, hayan**
Saber > **sepa, sepas, sepa, sepamos, sepáis, sepan**
Ser > **sea, seas, sea, seamos, seáis, sean**
Ir > **vaya, vayas, vaya, vayamos, vayáis, vayan**
Ver > **vea, veas, vea, veamos, veáis, vean**

Fíjate:
Hay formas verbales, tanto regulares como irregulares, que sufren cambios ortográficos para conservar el sonido del verbo en infinitivo: *seguir* > *siga*; *cocer* > *cueza*; *recoger* > *recoja*; *buscar* > *busque*...

2.1 **En parejas** Transforma estas formas verbales del presente de indicativo al de subjuntivo. Luego compara con tu compañero/a.

1. quieres > ....
2. repetimos > ....
3. pongo > ....
4. salís > ....
5. hay > ....
6. conduces > ....
7. vengo > ....
8. jugáis > ....
9. busco > ....
10. somos > ....
11. traduzco > ....
12. sueña > ....

3 Usos básicos del subjuntivo

- El subjuntivo se usa en estructuras que sirven para:
  - Dar **consejos** y hacer **recomendaciones**: *Te aconsejo que **veas** esa película.*
  - Expresar **permiso** y **prohibición**: *Te prohíbo que **salgas** de casa.*
  - Expresar **deseos** y hacer **peticiones**: *Espero que mañana **haga** mejor tiempo.*
    *Quiero que **vayamos** a la sierra este fin de semana.*
- En los verbos que expresan consejo, recomendación, prohibición o permiso hay dos estructuras que se usan indistintamente:
  *Te aconsejo **que vayas** al médico. = Te aconsejo **ir** al médico.*
  *Os prohíbo **que salgáis** de noche. = Os prohíbo **salir** de noche.*
- En los verbos que expresan deseos o peticiones, si el sujeto del verbo principal es el mismo que el del segundo verbo, se usa infinitivo:
  Quiero (yo) ***que vayamos*** (nosotros) *a la sierra.* *Quiero* (yo) ***ir*** (yo) *a la sierra.*

3.1 **En parejas** **¿Qué crees que expresan estos verbos? Clasifícalos donde corresponda.**

permitir | querer | pedir | prohibir | dejar | aconsejar | desear | esperar | recomendar | sugerir | rogar | suplicar

Permiso y prohibición

Consejo y recomendación

Deseo

Petición

3.2 **Transforma de acuerdo con el ejemplo.**

Ejemplo: No te vayas. (Prohibición) › *Te prohíbo que te vayas.*

1. No te rías. (Petición) ›
2. Vuelve un poco más tarde. (Permiso) ›
3. Ve a esa exposición. (Recomendación) ›
4. No entres aquí. (Prohibición) ›
5. Préstame el coche. (Deseo) ›
6. Estudia más. (Consejo) ›

3.3 **En parejas** **Fíjate en las imágenes e inventa un breve diálogo para cada una: debes expresar prohibición, consejo, deseo o petición.**

3.4 **Todo el grupo** **Representad los diálogos para vuestros compañeros.**

Practica en contexto

1 **En parejas** Jessica ha escrito a Iván, su antiguo profesor de español. Lee el correo y corrige los errores que ha cometido.

Fíjate:
Corregir textos te ayuda a alcanzar la autonomía necesaria para revisar tus escritos a la vez que reflexionas sobre el funcionamiento de la lengua y aprendes de los errores.

De: Jessica Para: Iván Asunto: Madrid

Hola, Iván:
Espero que estás bien. Yo estoy muy contenta porque dentro de dos meses voy a ir a tu ciudad, ¡a Madrid!, para estudiar español en una escuela. Espero que mi español mejore porque ahora no es muy bueno.
Iván, quiero que me aconsejes sobre una cosa. ¿Me recomiendas que vivo con una familia o en un piso compartido con otros estudiantes? ¿Qué crees que es mejor? Yo pienso que es mejor con una familia, pero a veces las familias tienen muchas normas y no permiten que los estudiantes hacen muchas cosas en la casa. Bueno, espero que me escribes pronto y que me digas qué te parece mejor.
Un abrazo,
Jessica

1.1 [39] Escucha ahora el mensaje de voz que le ha dejado Iván a Jessica y completa la información.

1. Iván espera que ....
2. Sobre la duda de Jessica, él le recomienda que ....
porque ....
3. Según Iván, con una familia a veces ....
4. También le aconseja que el alojamiento ....

Expresar hipótesis o probabilidad

- **Quizá(s)**
  *Juan no ha llegado aún; **quizá se ha dormido**.*
- **Es probable/posible**
  ▶ *Esta tarde va a llover.*
  ▷ *Sí, **es probable**.*
- **Puede ser**
  ▶ *¿Irás luego a la biblioteca?*
  ▷ *Sí, **puede ser**.*

1.2 **En parejas** Además, Iván le ha mandado a Jessica una lista de ideas para mejorar su aprendizaje de español. Junto a tu compañero/a, ordénalas de mayor a menor interés según tu criterio.

Jessica, te aconsejo que...

- ☐ dividas tu cuaderno en distintas partes: gramática, vocabulario, etc.
- ☐ analices y aproveches los recursos que ofrece el libro de español.
- ☐ hagas una lista de los objetivos alcanzados en un diario de aprendizaje, que puede ser otra sección de tu cuaderno.
- ☐ , antes de entregar tus escritos, los repases y corrijas tus errores.
- ☐ hagas anotaciones en el manual con las explicaciones dadas en clase.
- ☐ busques en internet ocasiones para interactuar en español.
- ☐ aproveches todas las situaciones similares a las trabajadas en clase para practicar.

1.3 **Todo el grupo** Comparte con tus compañeros tus conclusiones y arguméntalas.

2 [40] Jessica ha encontrado un piso de estudiantes en internet. Escucha la conversación telefónica que tiene con uno de sus futuros compañeros y señala, entre las opciones que hay a continuación, las tres que él describe.

Salón

Baño

Dormitorio

2.1 **Todo el grupo** Comparte con el resto de la clase tus conclusiones. Arguméntalas.

2.2 [40] Vuelve a escuchar. Forma frases relacionando elementos de cada columna y comprueba si has hecho bien la actividad anterior.

1. Hay dos sofás muy grandes...
2. A la derecha del otro sofá...
3. Es muy moderno todo:...
4. El suelo es de madera,...
5. Tiene las paredes...
6. Al lado de la ventana...

a. la taza, los lavabos y la ducha.
b. como en todo el piso.
c. que forman un ángulo.
d. hay un escritorio pequeño.
e. pintadas de blanco y marrón.
f. hay una chimenea muy bonita.

3 **En parejas** Jessica ha encontrado en internet una entrada sobre la convivencia en pisos compartidos. Antes de leerlo, escribe con tu compañero/a las tres reglas que, en tu opinión, son básicas para que la convivencia funcione.

1. ....
2. ....
3. ....

Organizar el discurso

Recuerda que estas palabras y expresiones ayudan a organizar los argumentos y las acciones que dan forma a un discurso:

- **Introducir** un primer argumento: *para empezar, en primer lugar, antes de nada...*
- **Añadir** argumentos: *por otro lado, también, tampoco, además...*
- **Concluir** la argumentación: *por último, para terminar, en último lugar...*

3.1 **Todo el grupo** Presenta al resto de la clase tus reglas y elabora una lista con las de tus compañeros.

3.2 **Todo el grupo** Lee la entrada y comprueba si las reglas que ha escrito tu clase aparecen en ella.

compartepiso.es

Si quieres que la convivencia en un piso compartido funcione, hay una serie de reglas básicas que es necesario tener en cuenta.
Por mi experiencia, yo recomiendo, para empezar, que se organice bien la limpieza de las zonas comunes de la casa, que se mantenga limpia y ordenada la cocina y que se haga lo mismo con el baño. Es importante dejar siempre los espacios comunes como los has encontrado.
Por otro lado, algo que todos esperamos cuando compartimos piso es que nuestros compañeros respeten las horas de descanso, por eso debes poner especial cuidado en no molestar cuando sabes que otros están durmiendo.
Una regla fundamental que nunca debes olvidar: está prohibido que entres en la habitación de tus compañeros o que cojas sus cosas sin su permiso. La habitación y las posesiones de los demás son sagradas, como deben serlo las tuyas para ellos.
Si piensas hacer una cena con tus amigos o una fiesta, avisa con tiempo suficiente antes de nada, cualquier actividad en las zonas comunes afecta a todas las personas que viven contigo.
Además, si está permitido que en vuestra casa haya animales, el dueño debe encargarse siempre de cuidarlos y mantenerlos.
Y, por último, aunque quizá lo más importante, te aconsejo que intentes ser siempre amable y tolerante con el resto de compañeros, esperando que los demás lo sean también contigo.

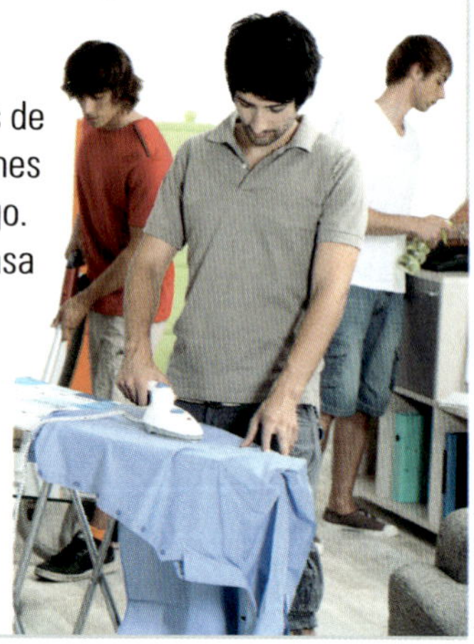

Extraído de www.easypiso.com

Fíjate:
Observar las imágenes que ilustran una actividad te ayuda a prever parte de su contenido. Fíjate bien en las imágenes antes de empezar a leer un texto o de escuchar un audio y verás como te ayudan a crear un contexto que te facilitará la comprensión.

3.3 **En parejas** Subraya en el texto las expresiones que llevan subjuntivo y clasifícalas en la tabla.

Deseo	Permiso	Prohibición	Consejo o recomendación

3.4 **Todo el grupo** ¿Estás de acuerdo con el autor de la entrada? ¿Alguna vez has compartido casa con otros estudiantes o amigos? ¿Cuál de las normas que sugiere la entrada te parece más importante?

3.5 **En parejas o grupos pequeños** Imagina ahora que eres uno de los compañeros de piso de Jessica y elabora una lista de normas para la casa decidiendo qué actividades están permitidas o prohibidas. Fíjate en el ejemplo y añade, al menos, una más.

Está permitido que...		Está prohibido que...
	Oír música en el salón.	*oigas música en el salón.*
	Hacer fiestas.	
	Invitar a amigos a cenar.	
	Tener animales.	
	Jugar a videojuegos en el salón.	
	Poner la lavadora cada día.	
	Hablar de política.	
	Poner la tele por la noche.	
	Otra:	

3.6 **Todo el grupo** Comparte con el resto de la clase tu lista. ¿Has coincidido en muchas cosas con tus compañeros?

4 [41] Alberto y Carmen, dos de los compañeros de Jessica, explican el reparto de las tareas domésticas. Escucha y escribe qué tres tareas no aparecen en las imágenes.

1. .... 2. .... 3. ....

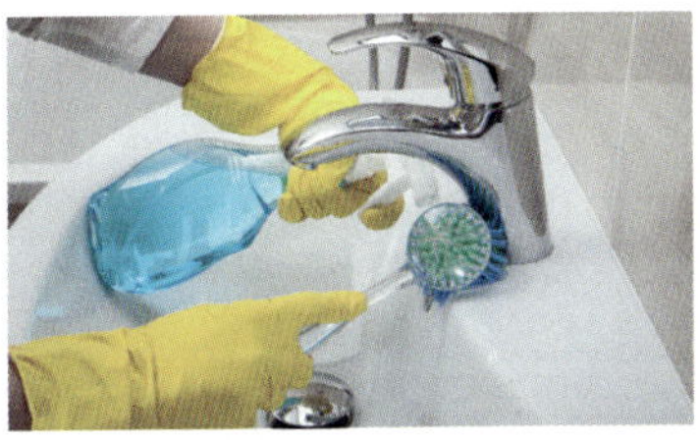

4.1 [41] Vuelve a escuchar; ahora anota en el calendario semanal cada tarea y quién la hace en el día correspondiente.

Lunes	Martes	Miércoles	Jueves	Viernes	Sábado	Domingo
				Alberto, limpiar el baño		

4.2 **Todo el grupo** En tu casa, ¿cómo se reparten las tareas domésticas? ¿De qué manera colaboras tú?

CON RITMO LATINO

1 **En parejas** Cuatro de estos instrumentos son de origen latino y suenan constantemente en los ritmos latinoamericanos. ¿Sabes cuáles son?

2 **En parejas** Busca información en internet sobre los siguientes artistas latinos y toma notas. Luego lee el texto y complétalo con los nombres de los artistas según la información que has encontrado. Compara con tu compañero/a.

Juan Luis Guerra | Gloria Estefan | Los Panchos | Romeo Santos | Daddy Yankee

Gloria Estefan

Géneros musicales en Latinoamérica

Entre los diferentes ritmos y músicas de América Latina y el Caribe, los más populares son el merengue, la bachata, la salsa, el reguetón, la ranchera, el bolero, la cumbia, el tango y la milonga. Vamos a ver algunos de ellos.

La **bachata** es un ritmo bailable originario de la República Dominicana. Resulta de una combinación del bolero rítmico con estilos como el son cubano. Sus principales representantes son [1] ...., Prince Royce y Anthony Santos.

La **salsa** es una síntesis de influencias cubanas con otros elementos de la música latinoamericana y el *jazz*. La salsa se desarrolló en el Caribe y también en Nueva York. Sus exponentes más importantes son Celia Cruz, [2] .... y Joe Arroyo.

También el **merengue** procede del Caribe, concretamente de la República Dominicana, donde lo consideran el género musical nacional. Destacan entre sus intérpretes [3] ...., Elvis Crespo y Proyecto Uno.

Juan Luis Guerra

Chavela Vargas

El **reguetón** nace de la fusión del *reggae* jamaicano y el hiphop. Es el género más popular entre los jóvenes de habla hispana. Sus figuras más representativas son Don Omar, [4] .... y Arcángel.

El **bolero**, originario de Cuba, surgió a finales del siglo XIX con el tema titulado *Tristezas*, que dio al género su forma clásica con acompañamiento de guitarras y percusión. Los intérpretes más representativos de este género son [5] ...., Lucho Gatica y Chavela Vargas.

1

2

3

4

3 **En grupos pequeños** ¿Conoces a alguno de los demás artistas del texto? Elige uno de los géneros y busca en internet algún tema representativo. Luego escúchalo con tus compañeros. ¿Cuál os gusta más?

4 **Todo el grupo** ¿Sabes quiénes son los cantantes de las fotografías? ¿Cómo se llaman?

5 **Todo el grupo** Hay muchos artistas y grupos latinos que hacen música de otros géneros, como pop o *rock*. Lee la lista y señala los que conoces. ¿Qué música hacen? Busca también información de los demás artistas.

- ☐ Calle 13
- ☐ Ricky Martin
- ☐ Luis Miguel
- ☐ Julieta Venegas
- ☐ Marc Anthony
- ☐ Maná
- ☐ Chayanne
- ☐ Shakira
- ☐ Juanes
- ☐ Luis Fonsi
- ☐ Reik
- ☐ Sin Bandera

HOSTAL Babel

Un hostal democrático

Antes del vídeo

1 **Todo el grupo** Fíjate en la imagen. ¿Qué momento del día crees que es? ¿Qué piensas que ha sucedido antes? Argumenta tus respuestas.

2 **En parejas** Ahora observa esta secuencia de imágenes. Fíjate en el gesto de Tere y Carla de la primera y en el de Leo en la segunda. ¿Qué crees que ha pasado?

Durante el vídeo

3 Visiona el fragmento 00:30 ▶ 01:09 y comprueba si tus suposiciones de la actividad 1 son correctas.

4 Visiona el fragmento 01:10 ▶ 03:10 y luego responde a estas preguntas.

1. ¿Qué deben hacer los tres personajes? ....
2. ¿Por qué tienen que hacerlo ya? ....
3. ¿Qué puede pasar si no cumplen su promesa? ....

5 **En parejas** Visiona el fragmento 03:11 ▶ 04:45 y comprueba si has interpretado correctamente la secuencia de la actividad 2.

5.1 **En parejas** Vuelve a ver el fragmento anterior y luego escribe junto a cada tarea qué personaje la debe realizar.

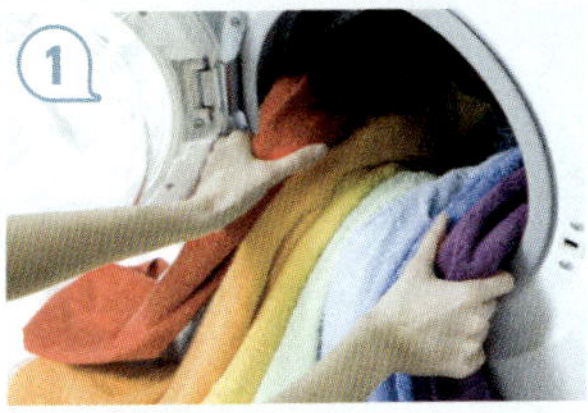

....

....

....

....

....

....

6 **En parejas** ¿Qué crees que les quedará por hacer cuando terminen de limpiar? Fíjate en la imagen, elige la opción correcta según tu opinión y compara con tu compañero/a. Luego visiona el fragmento 04:45 ▶ final para comprobar tu respuesta. ¿Has acertado?

1. Cuando terminan de limpiar, solo queda...
   a. recoger los utensilios de limpieza.
   b. bajar la basura.
2. La última tarea la hace Leo...
   a. porque se ofrece voluntario.
   b. porque las chicas votan para que la haga él.

Después del vídeo

7 **En parejas** Relaciona las columnas para recordar algunas frases dichas por los personajes y en las que usan el subjuntivo. Luego compara tu respuesta con tu compañero/a.

1. ¿Anoche? Te sugiero que...	a. limpies el baño.
2. Te aconsejo...	b. le guste cómo hemos dejado el hostal...
3. Nos va a prohibir que...	c. digas "esta mañana", mejor.
4. ¿Qué queréis que...	d. hagamos más fiestas aquí.
5. ¿Quieres que...	e. que empieces ya.
6. Votos a favor de que...	f. Leo limpie el baño...
7. Te encargamos que...	g. lo votemos?
8. Espero que a Bea...	h. haga yo?
9. Pues nosotras queremos...	i. que la bajes tú.

8 **Todo el grupo** ¿Has hecho alguna vez una fiesta en tu casa? ¿Cómo quedó después? ¿Quién ordenó y limpió?

Evaluación

1

Relaciona las palabras con su imagen correspondiente. Luego escribe una descripción de la casa de entre cincuenta y ochenta palabras.

- [ ] taza
- [ ] cocina
- [ ] armario
- [ ] ventana
- [ ] baño
- [ ] planta
- [ ] cama
- [ ] estantería
- [ ] dormitorio
- [ ] mesilla
- [ ] nevera
- [ ] silla
- [ ] lavabo
- [ ] pared
- [ ] suelo
- [ ] pasillo

2

Relaciona.

1. Pasar	a. la estantería.
2. Tender	b. el suelo.
3. Regar	c. la aspiradora.
4. Fregar	d. la lavadora.
5. Quitar	e. las plantas.
6. Poner	f. la ropa.
7. Ordenar	g. el polvo.

3

Ordena cronológicamente las imágenes de acuerdo con la narración de la página siguiente.

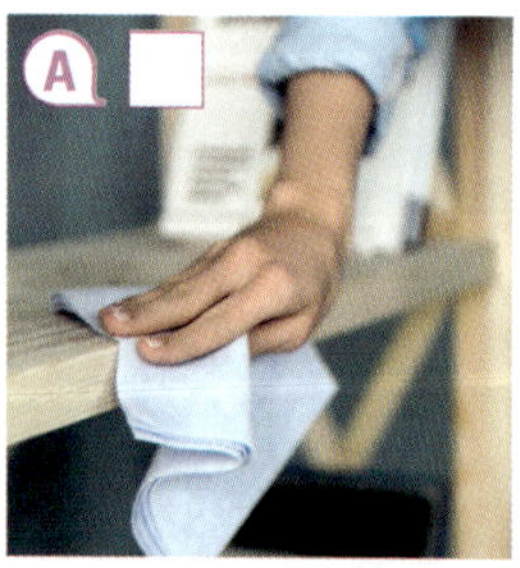

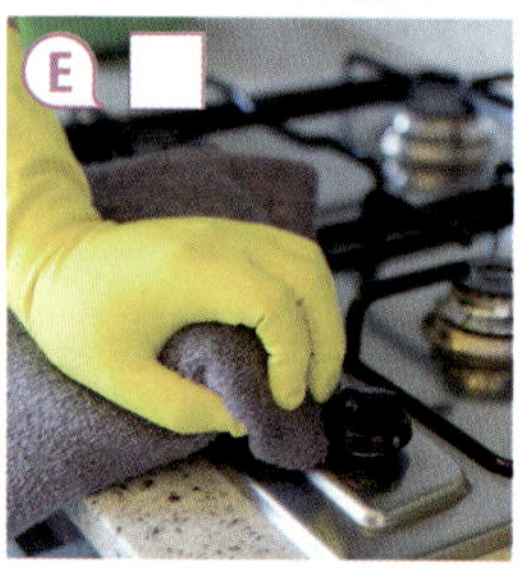

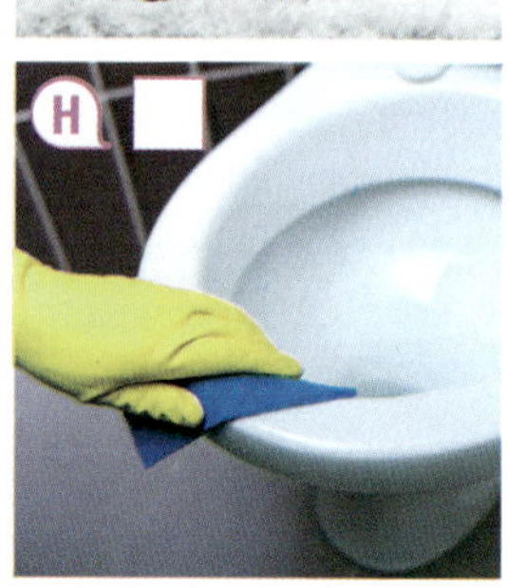

Siempre lo hago igual. El martes por la tarde limpio la cocina, aunque, como almuerzo en la oficina, no suele estar muy sucia. El jueves limpio bien el baño: la taza, el lavabo, la bañera... El viernes suelo poner la lavadora, dos veces: una para mi ropa y otra para la ropa de cama, sábanas y demás. El viernes por la tarde suelo fregar los pocos platos sucios que he acumulado durante la semana. El sábado por la mañana quito el polvo y después paso la aspiradora y, para terminar, friego bien el suelo. La basura suelo bajarla los domingos, normalmente una vez a la semana porque tengo poca, ¡como paso tan poco tiempo en casa...!

4 Aconseja a estas personas usando el presente de subjuntivo.

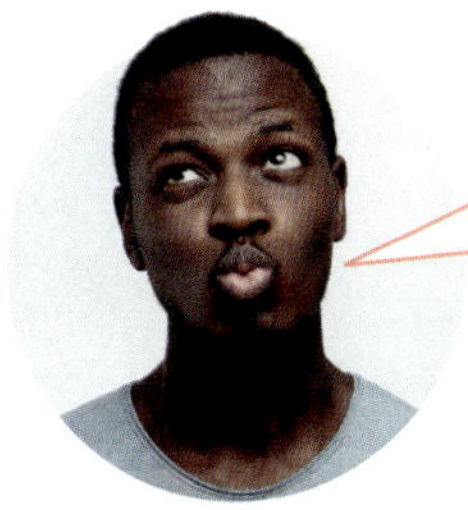

Me han ofrecido dos trabajos interesantes. En uno gano más, pero está fuera de la ciudad. El otro está al lado de casa.

No sé qué estudiar, Medicina o Veterinaria. Las dos carreras me gustan mucho, pero estoy muy indecisa.

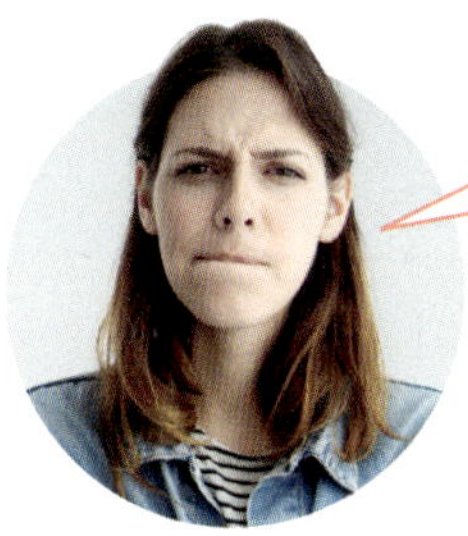

No sé qué hacer en vacaciones, si ir a la playa y relajarme o hacer turismo de aventura en algún país exótico.

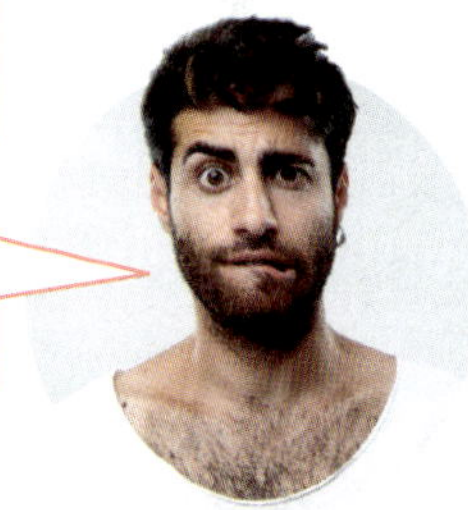

Tengo dos fiestas de cumpleaños el mismo día: la de mi novia y la de mi padre. ¿Qué hago?

5 Conjuga el verbo en la forma adecuada del presente de subjuntivo.

1. No quiero que .... (ir, vosotros) a la calle solos.
2. ¿Esperas que Marta .... (venir) a verte?
3. Os pedimos que .... (volver) no más tarde de las doce.
4. Nos prohíben que .... (salir) de la escuela durante el recreo.
5. ¿Me permite que le .... (hacer) una pregunta?
6. Te recomendamos que .... (leer) ese libro; te va a encantar.

6 Una madre le da dinero a su hijo. Imagina que le dice cinco cosas que puede hacer con el dinero y otras cinco que no puede hacer. Anótalas.

1. *Te dejo que...* ....
2. ....
3. ....
4. ....
5. ....

1. *No quiero que...* ....
2. ....
3. ....
4. ....
5. ....

7 Escribe al menos dos cosas que has aprendido en esta unidad.

....

....

Unidad

10

Fíjate en la foto principal. ¿Qué significa *rebobinar*? ¿Qué contenidos crees que vas a trabajar en esta unidad si tienes en cuenta su título?

¿Por qué crees que está tan cansado el chico de la foto?

¿Qué muestra la tercera imagen? ¿Recuerdas dónde está este lugar?

Rebobinamos

En esta unidad vas a...

- Hablar en pasado
- Dar órdenes, instrucciones y consejos
- Conceder permiso y expresar prohibición
- Expresar deseos
- Participar en un concurso de preguntas sobre España e Hispanoamérica

¿Qué sabes?

1 **En parejas** Observa algunas de las cosas que ha hecho Luis esta semana y escribe las acciones con el tiempo del pasado más adecuado teniendo en cuenta el marcador temporal que se indica en cada caso.

1. Esta mañana ....

2. Ayer ....

3. El lunes ....

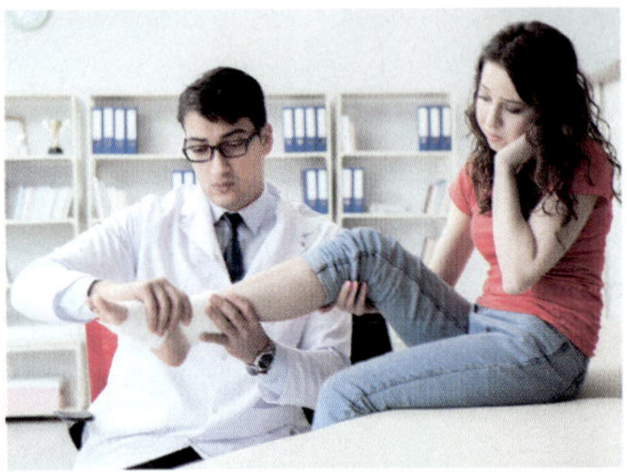

4. Hoy ....

5. Antes de ayer ....

6. Hoy a mediodía ....

7. Hace dos días ....

8. Anoche ....

9. Esta semana ....

1.1 **En grupos pequeños** Fíjate en la foto de Luis cuando era pequeño e imagina cómo era su vida entonces y qué cosas hacía normalmente. Comparte tus hipótesis con tus compañeros de grupo.

1.2 **En grupos pequeños** Cuenta a tus compañeros cómo era tu vida cuando ibas al colegio: ¿qué asignatura te gustaba más?, ¿quién era tu mejor amigo/a?, ¿cómo era tu maestro/a preferido/a?

2 Completa las formas que faltan del presente de subjuntivo regular.

	Hablar	Leer	Escribir
yo	hable		escriba
tú	hables	leas	
él, ella, usted		lea	escriba
nosotros/as	hablemos		escribamos
vosotros/as		leáis	escribáis
ellos, ellas, ustedes	hablen	lean	

2.1 **En parejas** Reescribe las frases que tienes a continuación en forma negativa. Luego compara con tu compañero/a.

1. Cierra la ventana.
No ....

2. Poned la mesa.
No ....

3. Traducidlo.
No ....

4. Váyase de aquí.
No ....

5. Sal ahora.
No ....

6. Haga la cama.
No ....

3 **En parejas** Da consejos a estas personas usando el imperativo.

3.1 Transforma ahora los consejos de la actividad anterior usando el verbo *aconsejar*.

Palabras

1 Relaciona las columnas.

1. Cosa que se crea, se diseña, se idea o se produce por primera vez.
2. Contaminación intensa del agua o del aire.
3. Estación del año donde el clima es caluroso.
4. Residuos de cualquier tipo.
5. Mar grande que cubre la mayor parte de la Tierra.
6. Página web en la que los internautas intercambian información creando una comunidad virtual.
7. Sistema informático que busca archivos almacenados en servidores web.
8. Mensaje digital que se envía a través de la red social Twitter.
9. Periodo de cien años.
10. Estación del año donde el clima es templado.

a. polución
b. primavera
c. red social
d. basura
e. tuit
f. océano
g. invento
h. siglo
i. buscador
j. verano

1.1 **En parejas** Clasifica las palabras anteriores en su ámbito y añade dos palabras más por sección.

Internet

Clima

Naturaleza y medioambiente

Historia

2 **En grupos pequeños** Completa con las palabras que faltan en la variante del español de España o del español de América. Después escribe un ejemplo para cada caso.

RAE

LÉXICO

Español de España

1. › .... : ....
2. › ordenador : ....
3. › película : ....
4. › .... : ....
5. › reservar : ***Reservé** dos habitaciones en un hotel para el fin de semana.*
6. › .... : ....
7. › salón : ....
8. › dormitorio : ....
9. › patata : ....
10. › .... : ....
11. › pimiento : ....
12. › .... : ....

Español de América

1. › celular : ....
2. › .... : ....
3. › .... : ....
4. › *mouse* : ....
5. › (hacer una) reservación : ....
6. › nomás : ....
7. › .... : ....
8. › .... : ....
9. › .... : ....
10. › banana : ....
11. › .... : ....
12. › hacer *shopping* : ....

3 **Todo el grupo** Distribuid la clase en dos grupos: A y B. En primer lugar, leed con atención las preguntas y aseguraos de que sabéis todas las respuestas. Luego hacedle las preguntas al equipo contrario y confirmad si sus respuestas son correctas o no.

Grupo A

1. ¿Qué significa *ir de compras*?
2. ¿Qué tipo de comida es un yogur?
3. Tu profesor/a se va a casar; ¿qué le dices?
4. Para expresar la nacionalidad usamos el verbo…
5. Todas las maletas que llevas en un viaje son el…
6. ¿Qué se puede reservar?
7. Llevar un archivo de internet a nuestro ordenador es…
8. Define la palabra *contraseña*.
9. Di un sinónimo de *hecho* o *acontecimiento*.
10. ¿Qué significa *está nublado*?
11. Di el nombre de tres secciones de un periódico.
12. Si llevas tu móvil a arreglar en lugar de tirarlo, ¿qué haces?
13. Di el nombre de tres estancias de una casa.
14. Di el nombre de dos palabras relacionadas con la publicidad.

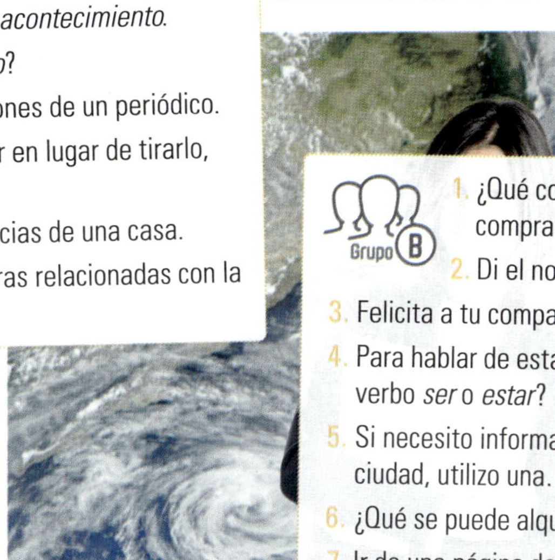

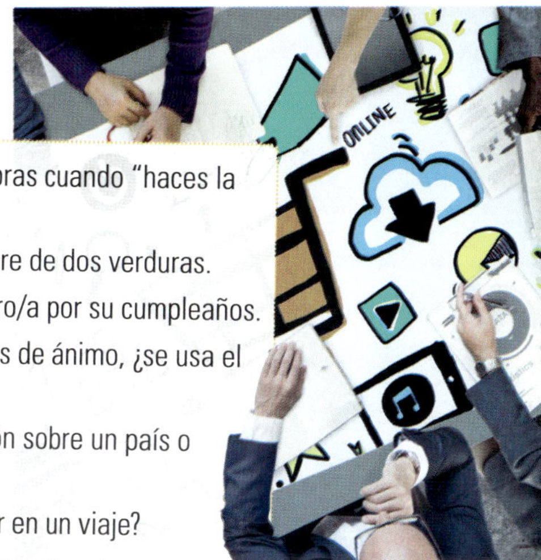

Grupo B

1. ¿Qué compras cuando "haces la compra"?
2. Di el nombre de dos verduras.
3. Felicita a tu compañero/a por su cumpleaños.
4. Para hablar de estados de ánimo, ¿se usa el verbo *ser* o *estar*?
5. Si necesito información sobre un país o ciudad, utilizo una…
6. ¿Qué se puede alquilar en un viaje?
7. Ir de una página de internet a otra es…
8. ¿Para qué sirve un teclado?
9. Define la palabra *siglo*.
10. ¿Qué significa *está lloviendo*?
11. ¿Qué es el titular de un periódico?
12. Da un ejemplo de cómo reutilizar algo.
13. Di tres tareas domésticas.
14. Di el nombre de dos palabras relacionadas con las compras *online*.

4 **Todo el grupo** ¿Qué recursos, de los que has visto en el curso, utilizas para aprender y recordar el léxico? Coméntalo con tus compañeros. ¿Cuál crees que es el más efectivo?

Gramática

1 Usos de pretérito perfecto, pretérito indefinido y pretérito imperfecto (repaso)

- Usamos el **pretérito perfecto** para:
  - Hablar de **acciones terminadas** en un **tiempo aún no terminado** o que percibimos como presente:
    *Esta semana **he ido** a la playa.* *Hoy **he tenido** un mal día.*
  - Hablar de una **experiencia** en general, sin una idea de tiempo:
    *¿**Has estado alguna vez** en Argentina?* ***Nunca he comido** paella.*
- Usamos el **pretérito indefinido** para:
  - Expresar **acciones terminadas** en un **tiempo pasado** que no tiene relación con el presente:
    ***El año pasado viajé** a México.*
  - Dar información sobre la **vida** de una persona:
    *Ana **nació** en Sevilla en 2005.*
  - Hablar de **hechos históricos** y acontecimientos del pasado:
    ***La guerra civil española terminó** en el año 1939.*
- Usamos el **pretérito imperfecto** para:
  - **Describir** en pasado:
    *La casa **era** muy **bonita** y **tenía un jardín** muy grande con piscina.*
  - Hablar de **acciones habituales** en el pasado:
    ***Iba** al gimnasio **todos los días** y después **quedaba** con mis amigos.*
  - Referirnos a una **acción** no terminada, **durativa**, en el momento en que otra sucede:
    ***Hablaba** con María cuando **sonó** el teléfono.*

1.1 Señala cuáles de los siguientes marcadores temporales acompañan al pretérito perfecto (P), al pretérito indefinido (I) o al pretérito imperfecto (IM). Puede haber más de una opción.

1. nunca .... P I IM		6. ayer .... P I IM		11. hoy .... P I IM
2. ya .... P I IM		7. el año pasado .... P I IM		12. en 2015 .... P I IM
3. todavía no .... P I IM		8. normalmente .... P I IM		13. siempre .... P I IM
4. anteayer .... P I IM		9. la semana pasada .... P I IM		14. antes .... P I IM
5. alguna vez .... P I IM		10. hasta ahora .... P I IM		15. el otro día .... P I IM

1.2 Fíjate en lo que dice Ana y señala cuál de los tiempos anteriores describe.

Se refiere a una acción terminada que sucede en un momento no especificado del pasado. Se usa cuando no es importante situar de manera exacta en el tiempo esa acción pasada.

2 Contraste pretérito perfecto/pretérito indefinido/pretérito imperfecto (repaso)

- Los **pretéritos perfecto e indefinido** expresan **acciones terminadas**. El perfecto lo hace en relación con el presente y el indefinido, con el pasado. Usamos estos tiempos para la **narración**.
- El **pretérito imperfecto** presenta la acción en un tiempo pasado, pero sin especificar su comienzo o su final. Por eso el imperfecto es el tiempo que usamos para la **descripción**, para hablar de las **circunstancias** que rodean los hechos. Puede usarse junto al perfecto o al indefinido:

  ***Hoy he comido** unas croquetas que **estaban** buenísimas.*

  ***Ayer comí** unas croquetas que **estaban** buenísimas.*

2.1 Ordena estos enunciados y clasifícalos según su función: narración (N) o descripción (D). Luego escribe la historia en tu cuaderno en el orden adecuado.

a. ☐ ☐ Luis y su hermana no sabían qué pasaba, estaban confusos y un poco asustados.
b. ☐ ☐ Unos segundos más tarde sonó el teléfono de Luis.
c. 1 D Luis estaba en la piscina del hotel con su hermana.
d. ☐ ☐ mientras su hermana se ponía la ropa para volver a su habitación.
e. ☐ ☐ De repente, todo el mundo salió corriendo del agua y se dirigió a la recepción.
f. ☐ ☐ Luis empezó a buscar su teléfono,
g. ☐ ☐ vio un wasap de su padre con texto e imagen.
h. ☐ ☐ Su hermana le preguntó
i. ☐ ☐ Lo encontró y
j. ☐ ☐ y Luis, aliviado, le mostró el mensaje y los dos fueron a ver a las estrellas.
k. ☐ ☐ En la foto aparecía una pareja de actores muy famosos y muchos periodistas,
l. ☐ ☐ y el texto decía que en la recepción estaban Penélope Cruz y Javier Bardem.

RAE

GRAMÁTICA
Recuerda que en los países hispanohablantes de América y en algunas zonas de España se prefiere el pretérito indefinido en lugar del pretérito perfecto para hablar de acciones terminadas en un tiempo no terminado.

2.2 [42] Escucha la historia de Sergio y completa las frases. Luego clasifícalas en su caja correspondiente.

1. Sergio .... por la calle donde viven sus padres.
2. De repente .... un ruido muy fuerte.
3. La gente .... a correr, pero él .... paralizado.
4. Sergio .... tres opciones: .... allí parado, ... como el resto de las personas o .... su camino.
5. .... seguir andando.
6. .... muchas ganas de ver a sus padres.
7. Todo el mundo .... en dirección contraria.
8. Por eso .... y .... un golpe en la cabeza. Cinco horas más tarde .... en la cama de un hospital.
9. Desde entonces Sergio no .... a casa de sus padres.

Narración		Descripción	

2.3 Escribe en tu cuaderno una anécdota en pasado en la que necesariamente deben aparecer estas palabras: *perro, el otro día, móvil, español, lluvia* y *montaña*.

2.4 **Todo el grupo** Ahora lee tu anécdota a la clase. ¿Quién ha escrito la historia más original? ¿Y la más divertida? ¿Quién ha usado mejor los tiempos del pasado?

Practica en contexto

1 [43] Marta y sus compañeros preparan un anuario en el que publicarán las cosas más importantes que han pasado en la escuela durante el curso. Escucha y marca qué secciones de las siguientes aparecerán en el anuario.

1. ☐ Deportes	4. ☐ Política	7. ☐ Entrevistas
2. ☐ Economía	5. ☐ Viajes	8. ☐ Ciencias
3. ☐ Cultura	6. ☐ Tiempo	9. ☐ Sociedad

2 **En parejas** Para la sección de deportes del anuario, tienen dos artículos, pero los han copiado mal y falta información. Complétalos colocando estos fragmentos en su lugar adecuado. Sobra un fragmento, ¿cuál?

1. un contundente 6-3, 6-2. El partido duró una hora y veintitrés minutos.
2. que perdieron por penaltis tras terminar 0-0 el partido.
3. el árbitro suspendió el partido por la lluvia y
4. el tercer campeonato que se celebra entre
5. se jugó el pasado mes de abril. Perdieron 1-0, y en

A

Dos de nuestras compañeras ganaron el torneo de tenis de escuelas

Nuestras compañeras de 5.º curso ganaron el pasado sábado ☐

las escuelas de nuestra ciudad en esta disciplina deportiva.

Eva y Sara, nuestras campeonas, ganaron la final por ☐

B

Nuestro equipo masculino de fútbol quedó finalista en dos campeonatos

Nuestros chicos de 4.º curso han llegado a dos importantes finales durante este año. La primera ☐

junio quedaron de nuevo finalistas en otro campeonato de escuelas ☐

Ojalá el año que viene jueguen igual de bien.

2.1 **Todo el grupo** Este es el informe sobre el deporte en España que han publicado en el anuario junto a los dos artículos anteriores. Léelo y contesta a las preguntas. Puedes consultar internet si lo necesitas.

Centro de Investigaciones Sociológicas (CIS).
Deporte en España

El fútbol es el deporte que genera mayor interés en España, seguido por el tenis y el baloncesto. Sin embargo, el hecho de que a casi la mitad de los españoles les interese el fútbol, a un 21.4 % el tenis y a un 17.1 % el baloncesto no significa que estos sean los deportes que más se practican en nuestro país.

El ciclismo y la natación recreativos y la carrera a pie son las disciplinas más populares en España a la hora de realizar ejercicio físico.

1. ¿Cuáles son los deportes que más se practican en España? ¿Y en tu país?
2. ¿Cuáles son los deportes que más se practican en el mundo?
3. ¿Cuál es el deporte mundial por excelencia?

3 **En parejas** Lee lo que han contado algunos estudiantes para la sección de viajes y conjuga los verbos entre paréntesis en el tiempo adecuado del pasado.

Nuestro viaje [1] .... (ser) en abril, lo [2] .... (pasar, nosotros) muy bien. [3] .... (Visitar, nosotros) varias pirámides aztecas y [4] .... (comer, nosotros) burritos y enchiladas. También [5] .... (estar, nosotros) en la Casa Azul, donde [6] .... (vivir) la pintora Frida Kahlo. La verdad es que me [7] .... (gustar) un montón el viaje.

Yo [1] .... (viajar) esta semana con mi clase. Durante los cinco días que [2] .... (durar) el viaje, [3] .... (hacer, yo) muchas cosas: [4] .... (bailar) salsa, [5] .... (ir) a la playa y [6] .... (bañarse), [7] .... (disfrutar) mucho de la vida nocturna y [8] .... (practicar) mi español. [9] .... (Volver, nosotros) hoy mismo.

Mi clase [1] .... (hacer) el viaje en marzo. Como todos [2] .... (estar) cansados porque este curso [3] .... (ser) duro, [4] .... (decidir) ir a un pueblo de Andalucía. Todos los días [5] .... (hacer, nosotros) senderismo y también [6] .... (ir) al río y [7] .... (bañarse). Todo en un plan muy tranquilo porque [8] .... (necesitar, nosotros) descansar.

Mi curso este año [1] .... (hacer) un viaje de naturaleza. En abril [2] .... (estar, nosotros) una semana visitando los parques nacionales de Corcovado y de Manuel Antonio: [3] .... (ver, nosotros) aves, tortugas, monos... No [4] .... (haber) demasiados turistas y el tiempo [5] .... (ser) maravilloso.

3.1 **En parejas** Relaciona ahora a los estudiantes con un destino y con un tipo de turismo.

1. turismo rural	a. Leo	Foto A
2. ecoturismo	b. Anabel	Foto B
3. turismo cultural	c. Marta	Foto C
4. turismo de sol y playa	d. Néstor	Foto D

España

Costa Rica

México

República Dominicana

3.2 **En parejas** ¿Cuáles de estos objetos crees que llevó cada estudiante en su viaje? Argumenta tus respuestas.

mochila | cámara de fotos | pasaporte | portátil | gorra | bañador
impresora | billetes | bañera | nevera | camiseta | zapatillas | vestido
gafas de sol | bicicleta | vaqueros | crema solar | móvil | aspiradora

RAE

LÉXICO

Recuerda:

Español de España › vaquero(s) : *Solía vestirse con pantalones* ***vaqueros*** *y chaquetas muy elegantes.*

Español de América › *jean(s)*, bluyín (bluyines) : *Insistió en aparecer de camisa manga corta y* ***bluyines****, y Poncho tuvo que aceptarlo.*

Español de España › camiseta :
En el primer cajón no hay nada interesante. Calcetines, calzoncillos, ***camisetas*** *pulcramente dobladas y planchadas por Elena.*

Español de América › remera : *Rivera guardó su termo y el mate en un pequeño bolso, se puso la* ***remera*** *y se despidió.*

Español de España › maleta : *¡Hijo!, ¿dónde vas con esa* ***maleta****?*

Español de América › valija : *Las chicas se van con las* ***valijas*** *llenas de ilusiones.*

Español de España › billete : *Quiero un* ***billete*** *de primera para el primer vuelo.*

Español de América › boleto/pasaje : *Conseguiremos un* ***pasaje****. ¿Cuánto cuesta?*

Contar una anécdota

- Una anécdota es un **relato breve** sobre algún acontecimiento **curioso** o **divertido**.
- En la conversación es frecuente introducir la anécdota con expresiones como:
  - **¿Sabes lo que me pasó** ayer/el lunes/el otro día/cuando llegué a…?
  - **Te voy a contar una cosa** que me pasó ayer/el lunes/el otro día/cuando llegué a…
  - **Pues resulta que** ayer/el lunes/el otro día/cuando llegué a…
- El interlocutor contesta con:
  - **¿Qué te pasó?**
  - **Cuenta, cuenta.**
- Y reacciona a lo largo del relato con expresiones como:
  - **¡Qué bien/mal/ (buena) suerte/ mala suerte…!**
  - **¡No me digas!**
  - **¡Es increíble!**

Recuerda que en español es necesario ir reaccionando ante lo que narra el interlocutor. El silencio absoluto se interpreta como falta de interés.

3.3 Imagina que acabas de volver de uno de los destinos anteriores. Elige el que quieras y escribe un correo a tu amigo/a contando cómo ha sido el viaje y lo que has hecho.

De: Para: Asunto: Mi viaje

....

....

....

....

....

....

3.4 **Todo el grupo** ¿Cuál es el último viaje que has hecho? ¿Cuándo fue? ¿Dónde fuiste? ¿Te gustó? Cuenta alguna anécdota que te sucedió en él.

Pues el verano pasado fui a Tailandia y me encantó. Resulta que…

¡Ah, sí? ¡Qué suerte!

4 [44] Vas a escuchar las respuestas que ha dado la profesora en la entrevista que le han hecho para el anuario. Relaciónalas con las preguntas que tienes a continuación.

	Respuesta n.º...
a. ¿Cuándo empezaste a trabajar como profesora?	
b. ¿Por qué decidiste hacerte profesora de español?	
c. ¿Cómo te formaste? ¿Qué estudiaste?	
d. ¿En cuántos lugares has enseñado?	
e. ¿Qué ha sido lo más interesante de este curso?	
f. ¿Qué has aprendido de tus alumnos?	
g. ¿Cómo eras tú como estudiante?...............................	
h. ¿Cuál era tu profesor favorito y por qué?	

Marcadores temporales (repaso)
Recuerda que los marcadores temporales ***antes, después, mientras, siempre*** y ***cuando*** son un recurso fundamental de la narración porque relacionan dos acciones y permiten saber en qué momento ocurre cada acción:

*Juan ha llegado **antes**, luego he venido yo.*
*Ayer comí y **después** me fui a clase.*
***Mientras** cenábamos, vimos las noticias.*
***Siempre** se duchaba antes de acostarse.*
***Cuando** nací, mi madre tenía 27 años.*

4.1 **En parejas** Escribe dos preguntas que te gustaría hacer a tu profesor/a de español acerca de su trabajo.

4.2 **Todo el grupo** Prepara una entrevista con tus preguntas y las de tus compañeros y házsela a tu profesor/a. ¿Te ha sorprendido alguna de sus respuestas?

5 **En parejas** En el anuario también se han incluido estos consejos para ayudar a conservar el medioambiente. Conjuga los verbos en imperativo afirmativo o negativo y luego ordénalos según la importancia que tienen para ti. Trabaja con tu compañero/a.

Ayuda a conservar el medioambiente

- [ ] [1] .... (Aprovechar) al máximo la luz natural, así ahorras energía.
- [ ] [2] .... (Elegir) bolsas de papel, las de plástico son muy contaminantes.
- [ ] [3] .... (Dejar) conectados los aparatos eléctricos al salir de casa.
- [ ] [4] .... (Tirar) a la basura algo que puedes reciclar.
- [ ] [5] .... (Usar) el papel por las dos caras, y luego [6] .... (reciclarlo).
- [ ] [7] .... (Moverse) en bicicleta o transporte público en vez de coger el coche.
- [ ] [8] .... (Comprar) productos de limpieza. Puedes limpiar toda la casa con vinagre, limón y jabón.
- [ ] [9] .... (Poner) la calefacción por encima de 21 grados.
- [ ] [10] .... (Comer) alimentos de temporada y de la zona donde vives, así su producción y transporte serán mucho más ecológicos.
- [ ] [11] .... (Tirar) los medicamentos caducados a la basura, [12] .... (llevarlos) a la farmacia para que los reciclen como es debido.

5.1 **Todo el grupo** Comparte con el resto de la clase el resultado. ¿Cuáles son los tres consejos más valorados por todo el grupo? ¿Por qué?

REFERENTE cultural

1 **En parejas** Resuelve con tu compañero/a este cuestionario.

1 La bachata es un ritmo bailable propio de...

a. República Dominicana.
b. Cuba.
c. Perú.

2 ¿Cuántas comunidades autónomas tiene España?

a. Doce.
b. Quince.
c. Diecisiete.

3 ¿Qué cantante de salsa terminaba sus frases diciendo "¡azúcar!"?

a. Gloria Estefan.
b. Celia Cruz.
c. Chavela Vargas.

4 ¿Cómo se llaman las gigantescas estatuas de la isla de Pascua?

a. Rapanuís.
b. Moáis.
c. Ahu.

5 Naranjito fue...

a. la mascota del Mundial de Fútbol de 1982.
b. el personaje de un anuncio de los años 80.
c. el juguete más vendido en 1982 en España.

6 ¿Cuántas lenguas oficiales se hablan en España?

a. Tres.
b. Cuatro.
c. Cinco.

7 ¿Cuál de las siguientes tradiciones es típica de República Dominicana para felicitar el cumpleaños?

a. Echar agua por encima de la persona que cumple años.
b. Tirarle de las orejas al cumpleañero tantas veces como años cumple.
c. Despertar al cumpleañero con la canción popular *Las mañanitas*.

8 ¿En qué país de Hispanoamérica no se celebra la fiesta de los quince años?

a. Argentina.
b. Uruguay.
c. Chile.

9 Algunas de las playas más conocidas de México están en...

a. Cancún.
b. Puebla.
c. México D. F.

10 En San Sebastián (España) se celebra...

a. un festival de cine europeo.
b. un festival de teatro español.
c. un festival de cine internacional.

1.1 **Todo el grupo** Compara tus respuestas con otras parejas de la clase. ¿Quién ha acertado más en menos tiempo?

2 **Todo el grupo** De todo lo que has aprendido en la sección de cultura de este nivel, ¿qué te ha parecido más interesante? ¿Había algún dato que ya conocías o ha sido todo nuevo para ti?

Vídeo

HOSTAL Babel

Recuerdos con paté de algas

Antes del vídeo

1 Este capítulo se titula *Recuerdos con paté de algas*; ¿de qué crees que trata?

2 Ahora que conoces bien a los personajes, ¿quién crees que ofrece a los demás el paté de algas?

3 **En parejas** Ordena el diálogo que tienes a continuación. Compara tu respuesta con tu compañero/a.

- [1] a. Hugo: La cena se ve superrica... Es una gran idea para celebrar el final del curso.
- [ ] b. Hugo: Sí, durante un tiempo íbamos todas las tardes a jugar al parchís, ¿recuerdan?
- [ ] c. Carla: Como siempre, Bea quiere celebrar el final de otro curso preparándonos una supercena. ¡Ya es tradición en el hostal Babel!
- [ ] d. Carla: Sí, eso sí que es cierto.
- [ ] e. Leo: Es verdad, yo no gané ni una partida...
- [ ] f. Tere: Reconoce que te gustaba vernos ahí, cerquita de ti... ¡Confiésalo! ¡Te gustaba vernos!
- [ ] g. Tere: Sí, pero yo siempre os ganaba.
- [ ] h. Carla: Claro, ustedes pasaban una tarde relinda, pero yo estaba trabajando.
- [ ] i. Tere: La verdad es que ha sido un curso estupendo...

4 Fíjate en estas imágenes. ¿Por qué crees que los personajes tienen regalos? ¿Quién los hace y qué están celebrando?

Durante el vídeo

5 Visiona el fragmento 00:30 ▶ 01:34 y comprueba tus repuestas de las actividades 1 y 2.

6 Ahora visiona el fragmento 01:20 ▶ 02:08 y comprueba si has ordenado correctamente el diálogo de la actividad 3.

7 **En parejas** Visiona el fragmento 02:08 ▶ 04:46 y luego elige la opción adecuada.

1. Carla recuerda que llovía mucho...
   a. la tarde en que fue de compras con Tere.
   b. cuando Tere y Bea fueron a verla mientras estaban de compras.
   c. una tarde que Bea olvidó la compra en una tienda.
2. Hugo se acuerda...
   a. de la fiesta sorpresa que hicieron para Bea.
   b. de una fiesta muy divertida que hicieron unos meses antes.
   c. de lo que tuvieron que limpiar después de la fiesta.

3. **Leo dice que...**
   a. Hugo siempre se pone muy pesado con la alimentación.
   b. no le importa que lo llamen "rarito".
   c. en todos los grupos tiene que haber un rarito.

4. **Tere piensa que...**
   a. Carla trabaja demasiado.
   b. Carla se ha divertido muy poco durante el curso.
   c. Carla debe tener más tardes libres.

5. **Carla dice que...**
   a. el próximo año buscará un trabajo que le ocupe menos tiempo.
   b. ha aprovechado bien el poco tiempo libre.
   c. sus amigos no tienen razón, que no trabaja demasiado.

6. **Durante el fragmento...**
   a. Carla le dice a Hugo que es un poco raro.
   b. Tere está preocupada porque Bea no llega.
   c. Leo le dice a Hugo que lo acepta como es.

8 **En parejas** Visiona el último fragmento del vídeo, 04:43 ▶ final, y a continuación ordena cronológicamente estas imágenes. Después narra, usando el pasado, toda la secuencia.

....

....

....

....

....

....

....

Después del vídeo

9 **Todo el grupo** ¿Has convivido alguna vez con otros estudiantes? ¿Había, entre ellos, estudiantes de países diferentes al tuyo? ¿Cómo fue la experiencia?

10 **Todo el grupo** Piensa en algún momento que recuerdes especialmente de tu vida como estudiante y compártelo con tus compañeros.

11 **Todo el grupo** ¿Cuál de los personajes del hostal Babel te resulta más simpático? ¿Con cuál crees que te llevarías mejor? ¿Por qué?

Evaluación

1 [45] Fíjate en la imagen, escucha la descripción que hace Laura de su casa y escribe las tres diferencias que hay entre lo que dice y el plano.

1	2	3

2 Usa el vocabulario de la actividad anterior y escribe una redacción de unas cien palabras describiendo cómo era la casa en la que vivías cuando eras pequeño/a.

3 En el correo que ha escrito Peter a una amiga hay varios errores en el uso de los pasados. Localízalos y corrígelos por el pasado correcto.

De: Peter Para: Carmen Asunto: Mi viaje

Hola, Carmen:

¿Cómo estás? Yo he llegado bien ayer a casa. El viaje fue divertido. En el tren conocía a unos chicos de mi país y hablamos de nuestras experiencias aquí, estuvo bien. Ellos tenían una visión de España muy diferente de la mía, quizá porque solo han estado de vacaciones, mientras que yo vine para estudiar y vivo con españoles. Además, no hablaron español y creo que, si no hablas el idioma del país donde viajas, tu conocimiento del lugar es mucho más limitado. Yo también, cuando llegué aquí, pensé de una forma distinta a como pienso ahora. En estos meses mi español ha mejorado mucho y eso me permitió hablar con la gente y entender mejor las costumbres y la cultura del país. Bueno, espero que vengas pronto a verme.

Un abrazo,

Peter

Incorrectos	Correctos

4 Escribe un correo a tu amigo/a donde le expliques qué pensabas tú del español y del mundo hispánico antes de empezar a estudiar el idioma y qué piensas ahora.

5 Fíjate en las siguientes frases y relaciónalas con uno de los dos títulos. Luego conjuga los verbos en pasado para completar las historias.

Hacer muchas excursiones. | Alquilar un coche. | Alojarse en un hotel. Conocer a los compañeros. | Llegar media hora antes. | Acabar muy cansado. Tener miedo de llegar tarde. | Pasarlo bien. | Ir a esquiar. | Ser bonita la oficina. Ser un lunes. | Hacer muchas fotos. | Parecer simpáticos. | Estar casi vacío el hotel. Estar nervioso. | Haber poca nieve.

En nuestras últimas vacaciones	Mi primer día de trabajo

6 Completa el texto con los verbos del recuadro. Debes conjugarlos en imperativo y usar pronombres de complemento si son necesarios.

navegar | subir | chatear | descargar | guardar | imprimir | publicar | compartir

Te vamos a dar algunos consejos básicos que debe seguir todo usuario de un ordenador o internauta:

– [1] .... a menudo los documentos en los que estás trabajando y [2] ...., si son importantes, a la nube.

– En internet, [3] .... siempre por sitios seguros, no [4] .... archivos de webs que no conoces y tampoco [5] .... con desconocidos.

– [6] .... fotos y vídeos tuyos en las redes sociales si quieres, pero [7] .... solo con tus amigos.

– [8] .... siempre en papel reciclado.

7 Escribe dos consejos más para un internauta.

....

....

8 Transforma las frases usando el presente de subjuntivo y expresando permiso, prohibición, peticiones, consejos o deseos.

1. Diviértete mucho. ....
2. No llegues tarde. ....
3. Hablad con ellos, lo entenderán. ....
4. Espéreme solo un minuto. ....
5. Piénsalo con calma. ....
6. Hacedlo ya. ....
7. No vayas con ellos. ....
8. No os pongáis ahí. ....
9. Díganme la verdad. ....

Apéndices

Ficha 6 Contraste de los sonidos /k/ y /g/. Las letras *c/q/k*

1 [58] Escucha y repite estas dos series de palabras, la primera con el sonido /k/ y la segunda con el sonido /g/.

cuco

Palabras con /k/	
• cuco	• koala
• caro	• oca
• queso	• cloro
• frac	• crema

Palabras con /g/	
• gato	• globo
• guerra	• tango
• regla	• guisante
• desagüe	• airbag

desagüe

2 [59] Marca la palabra del par que escuches en primer lugar.

☐ gallo / ☐ callo ☐ gama / ☐ cama ☐ goma / ☐ coma ☐ guiso / ☐ quiso
☐ guita / ☐ quita ☐ gasa / ☐ casa ☐ gana / ☐ cana ☐ bloc / ☐ blog

3 Lee la información y completa el esquema con las palabras del cuadro.

Las letras *c/q/k*

- Se escribe *c* (con sonido /k/) ante las vocales *a*, *o* y *u*: *cama, cosa, cuento...*
- Se escribe *qu* ante *e*, *i*: *quemar, quince...*
- Se escribe *k* ante *a*, *e*, *i*, *o* y *u*. Normalmente estas palabras proceden de otras lenguas: *kamikaze, Kenia, kiwi, Kosovo, sudoku...*

kétchup | coche | kung-fu | casa | queso | kárate | kilo | cuna | koala | quiero

c + → a ....
c + → o ....
c + → u ....

k + → a ....
k + → e ....
k + → i ....
k + → o ....
k + → u ....

qu + → e ....
qu + → i ....

4 [60] Escucha y completa el texto.

[1] .... [2] .... comer una hamburguesa en un restaurante [3] .... hay en la [4] .... de su casa. [5] .... llegó, pidió una hamburguesa de [6] .... de cerdo con [7] .... y [8] .... Su madre le dijo que no debía [9] .... tanta grasa [10] .... no era muy saludable y, además, podía tener [11] ....

Ficha 7 Los sonidos /j/ y /f/

1 [61] Escucha y repite las siguientes palabras, que contienen el sonido /j/.

- julio
- gente
- mojado
- rojo
- gitano
- ajuar
- viaje
- reloj
- lejos
- jamón
- elegir
- jota
- jeque
- jinete
- jueves

Fíjate:
El sonido /j/ se representa gráficamente con las letras ***g*** y ***j***: **ja, ge/je, gi/ji, jo, ju**.
Ejemplos: *caja, gente, jefe, agitar, cojín, joya, Julián.*

2 Coloca las palabras junto a su par correspondiente. Si no conoces algún significado, fíjate en las fotos, pregúntale a tu profesor o busca la palabra en el diccionario.

dijo | paja | jota
justo | ajo | liga
soga | paje | vago | higo

soja

1. paga/ ....
2. digo/ ....
3. lija/ ....
4. gusto/ ....
5. hijo/ ....
6. bajo/ ....
7. hago/ ....
8. soja/ ....
9. pague/ ....
10. gota/ ....

ajo

higo

3 [62] Escucha y repite las siguientes palabras, que contienen el sonido /f/.

- fecha
- fruta
- golfo
- frito
- refutar
- fama
- filón
- foto
- afilar
- rifa
- furor
- flecha
- afear
- flema

4 [63] Escucha y une con líneas las palabras que oigas.

pavor	foca	vino	flote	brote
falda	presa	fino	forro	friso
favor	boca	flan	borro	piso
baza	fresa	plan	fruta	bruta

fresa

flan

brote

Ficha 8 La sílaba. Reglas generales de acentuación

1 Lee la información y escribe dos ejemplos donde una sílaba cambia el significado de la palabra.

La sílaba

- Como ya sabes, las palabras están formadas por **sílabas**: *ven-ta-na, me-lo-co-tón*; y estas por, al menos, una vocal: *a-le-mán*. No existen sílabas formadas solo por consonantes.
- Si en la palabra *casa* cambiamos la sílaba *-sa* por *-ma*, tenemos la palabra *cama*, que es una palabra con un significado diferente.

calor/**do**lor ..../............................ ..../............................

2 Lee y completa el cuadro con estas palabras. Luego divídelas en sílabas y marca la sílaba tónica.

feliz | hipódromo | conejo | cómpratelo | marítimo | árbol | cómetela | cartón

Tipos de palabras según la sílaba tónica

La **sílaba tónica** de una palabra es aquella que se pronuncia con mayor fuerza o énfasis que el resto. Teniendo en cuenta la sílaba tónica, en español podemos clasificar las palabras en:

- **Agudas** › la sílaba tónica es la **última** (▬ ▬ ▬́):
  *ja-**món**, per-**diz**,* [1] ...., [2] ....
- **Llanas** › la sílaba tónica es la **penúltima** (▬ ▬́ ▬):
  ***ca**-sa, cam-**pe**-ro,* [3] ...., [4] ....
- **Esdrújulas** › la sílaba tónica es la **antepenúltima** (▬́ ▬ ▬):
  *fan-**tás**-ti-co, **lá**-gri-ma,* [5] ...., [6] ....
- **Sobresdrújulas** › la sílaba tónica es la **anterior a la antepenúltima** (▬́ ▬ ▬ ▬):
  ***cán**-ta-se-lo, di-**bú**-ja-me-lo,* [7] ...., [8] ....

3 [64] Lee la información, escucha con atención y pon la tilde en la vocal adecuada de las palabras que aparecen debajo. Hay dos palabras que no llevan tilde, ¿cuáles son? Justifica por qué no la llevan.

Reglas generales de acentuación

El acento ortográfico en español se llama *tilde*.

- Las palabras agudas se acentúan si acaban en *-n*, *-s* o vocal: *cajón, compás, mamá...*
- Las palabras llanas se acentúan si terminan en consonantes diferentes a *-n* o *-s*: *césped, fácil, carácter...*
- Las palabras esdrújulas y sobresdrújulas se acentúan **siempre**: *brújula, lámpara, médico, quítatelo...*
- Los adverbios que terminan en *-mente* conservan la tilde del adjetivo del que derivan: *rápidamente* (de *rápido*).

- digaselo
- vehiculo
- gramatica
- volcan
- sarten
- simpatico
- catedral
- azucar
- acercamelo
- caravana
- rubi
- quitaselo
- Cantabrico
- Lopez
- facilmente

Ficha 9 Los diptongos y los triptongos

1 [65] **Fíjate en los dibujos, especialmente en el espacio azul que está encima de la lengua. Luego, escucha y repite.**

1. a, e, i, o, u
2. i, o, e, u, a
3. o, a, i, u, e

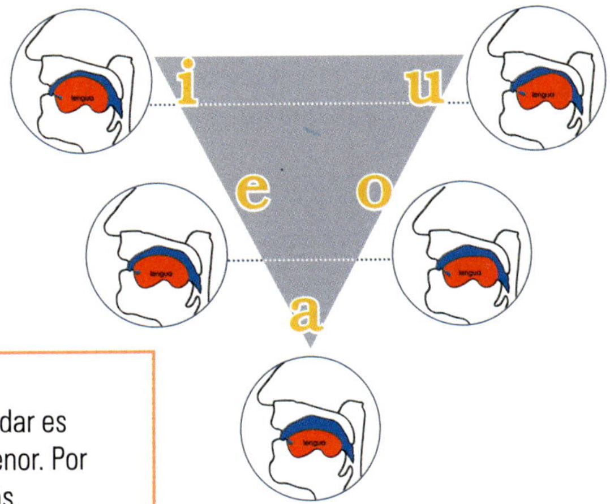

> Fíjate:
> En la vocal /a/ el espacio entre la lengua y el paladar es mayor. En las vocales /e/ y /o/ este espacio es menor. Por último, en las vocales /i/ y /u/ se cierra mucho más.

2 Con lo que has aprendido, completa el cuadro.

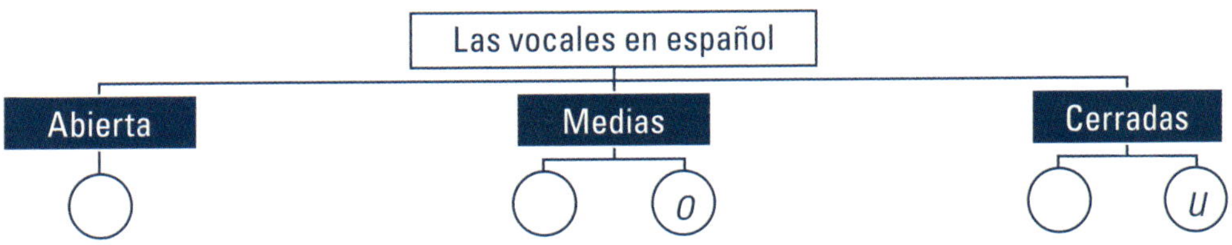

3 Lee la información, escucha la pronunciación de los diptongos y triptongos y repite.

Diptongos y triptongos

- Un **diptongo** es un grupo de dos vocales contiguas que se pronuncian en una sola sílaba. Hay tres tipos de diptongos: [66]
  - Vocal cerrada + vocal abierta o media: **ia, ie, io, ua, ue, uo.**
  - Vocal abierta o media + vocal cerrada: **ai, au, ei, eu, oi, ou.**
  - Dos vocales cerradas: **iu, ui.**
- La combinación ***ou*** es muy rara en español y apenas existen palabras que la contienen.
- Un **triptongo** es un grupo de tres vocales contiguas que se pronuncian en una sola sílaba. El esquema siempre es: [67]
  - vocal cerrada + vocal abierta o media + vocal cerrada: **uai, uau, iai, iau, uei, iei, ioi.**
- Los diptongos ***ai, ei, oi*** y los triptongos ***uai, uei*** se escriben ***ay, ey, oy, uay, uey*** a final de palabra: *hay, rey, voy, Uruguay, buey.*

4 [68] Todas estas palabras contienen diptongos y triptongos. Subráyalos y luego escucha y repite las palabras.

• bien	• guau	• guay	• antiguo	• cuaderno
• miau	• duermo	• reina	• vieira	• idioma
• radio	• oigo	• viuda	• boina	• individuo
• autobús	• cuida	• iniciáis	• juicio	• muela
• buey	• lengua	• Eugenia	• comerciáis	• causa
• estudiante	• aire	• monstruo	• aliada	• colegio

Ficha 10 El hiato

1 [69] Lee la información del cuadro. Después escucha con atención y repite las palabras que están debajo.

El hiato

- Un **hiato** es un grupo de dos vocales contiguas que se pronuncian en sílabas diferentes:
  - **aa**, **ee**, **ii**, **oo** (dos vocales iguales).
  - **ae**, **ao**, **ea**, **eo**, **oa**, **oe** (dos vocales abiertas o medias distintas).
  - **a**, **e**, **o** + **í**, **ú** (vocal abierta o media + vocal cerrada tónica).
  - **í**, **ú** + **a**, **e**, **o** (vocal cerrada tónica + vocal abierta o media).
- Las combinaciones ***uu*** y ***o* + *ú*** son muy raras en español y apenas existen palabras que las contienen.

- Saavedra, lee, antiincendios, cooperante
- aéreo, mahonesa, chatear, geografía, boa, cohete
- país, Raúl, vehículo, Seúl, oído, día, ríe, pío, púa, acentúen, dúo

2 [70] Une con líneas las palabras que oigas de esta serie.

país	Raúl	zoo	leer	peatón
oído	toalla	freír	río	albahaca
poseer	alcohol	búho	bacalao	héroe
caí	filosofía	ahogo	tía	María

búho

bacalao

albahaca

3 [71] Escucha y clasifica las palabras en la columna correspondiente. Si lo necesitas, revisa la ficha 9.

Recuerda:
- La ***h*** intercalada (entre dos vocales) no impide la formación de un hiato o un diptongo.
- En los **hiatos** formados por vocal abierta o media y vocal cerrada, si la vocal tónica es la cerrada (***i*** o ***u***), esta siempre lleva tilde.

Diptongo	Triptongo	Hiato

Tabla de verbos

Pretérito perfecto de indicativo

Verbos regulares

1.ª conjugación -AR CANTAR	2.ª conjugación -ER COMER	3.ª conjugación -IR VIVIR
he cantado	**he** comido	**he** vivido
has cantado	**has** comido	**has** vivido
ha cantado	**ha** comido	**ha** vivido
hemos cantado	**hemos** comido	**hemos** vivido
habéis cantado	**habéis** comido	**habéis** vivido
han cantado	**han** comido	**han** vivido

Participios irregulares

abrir › **abierto**	escribir › **escrito**	poner › **puesto**	romper › **roto**
cubrir › **cubierto**	hacer › **hecho**	prever › **previsto**	satisfacer › **satisfecho**
decir › **dicho**	imprimir › **impreso, imprimido**	resolver › **resuelto**	ver › **visto**
descubrir › **descubierto**	morir › **muerto**	revolver › **revuelto**	volver › **vuelto**

Pretérito indefinido

Verbos regulares

1.ª conjugación -AR CANTAR	2.ª conjugación -ER COMER	3.ª conjugación -IR VIVIR
canté	comí	viví
cantaste	comiste	viviste
cantó	comió	vivió
cantamos	comimos	vivimos
cantasteis	comisteis	vivisteis
cantaron	comieron	vivieron

Verbos con cambios gráficos

• C › QU		• G › GU		• Z › C	
Buscar	**Pescar**	**Jugar**	**Pegar**	**Comenzar**	**Empezar**
bus**qué**	pes**qué**	ju**gué**	pe**gué**	comen**cé**	empe**cé**
buscaste	pescaste	jugaste	pegaste	comenzaste	empezaste
buscó	pescó	jugó	pegó	comenzó	empezó
buscamos	pescamos	jugamos	pegamos	comenzamos	empezamos
buscasteis	pescasteis	jugasteis	pegasteis	comenzasteis	empezasteis
buscaron	pescaron	jugaron	pegaron	comenzaron	empezaron

Verbos irregulares

Verbos irregulares en la raíz verbal

Andar	Caber	Estar	Haber	Hacer	Poder
anduve	cupe	estuve	hube	hice	pude
anduviste	cupiste	estuviste	hubiste	hiciste	pudiste
anduvo	cupo	estuvo	hubo	hizo	pudo
anduvimos	cupimos	estuvimos	hubimos	hicimos	pudimos
anduvisteis	cupisteis	estuvisteis	hubisteis	hicisteis	pudisteis
anduvieron	cupieron	estuvieron	hubieron	hicieron	pudieron

Poner	Querer	Saber	Tener	Venir
puse	quise	supe	tuve	vine
pusiste	quisiste	supiste	tuviste	viniste
puso	quiso	supo	tuvo	vino
pusimos	quisimos	supimos	tuvimos	vinimos
pusisteis	quisisteis	supisteis	tuvisteis	vinisteis
pusieron	quisieron	supieron	tuvieron	vinieron

Fíjate:
En este grupo de verbos también cambia el acento habitual del pretérito indefinido:
~~quisé~~ › quise
~~tuvó~~ › tuvo

Los verbos que tienen *j* en la raíz verbal pierden la *i* en la tercera persona del plural:

Conducir	Decir	Traducir	Traer
conduje	dije	traduje	traje
condujiste	dijiste	tradujiste	trajiste
condujo	dijo	tradujo	trajo
condujimos	dijimos	tradujimos	trajimos
condujisteis	dijisteis	tradujisteis	trajisteis
condujeron	dijeron	tradujeron	trajeron

Verbos irregulares en la tercera persona

- **E › I**

Divertirse	Elegir	Impedir	Medir	Mentir	Pedir
me divertí	elegí	impedí	medí	mentí	pedí
te divertiste	elegiste	impediste	mediste	mentiste	pediste
se divirtió	eligió	impidió	midió	mintió	pidió
nos divertimos	elegimos	impedimos	medimos	mentimos	pedimos
os divertisteis	elegisteis	impedisteis	medisteis	mentisteis	pedisteis
se divirtieron	eligieron	impidieron	midieron	mintieron	pidieron

Reír	Repetir	Seguir	Sentir	Servir	Sonreír
reí	repetí	seguí	sentí	serví	sonreí
reíste	repetiste	seguiste	sentiste	serviste	sonreíste
rio	repitió	siguió	sintió	sirvió	sonrió
reímos	repetimos	seguimos	sentimos	servimos	sonreímos
reísteis	repetisteis	seguisteis	sentisteis	servisteis	sonreísteis
rieron	repitieron	siguieron	sintieron	sirvieron	sonrieron

Fíjate:
Todos los verbos de este grupo son de la tercera conjugación *(-ir)*.

• **O › U**

Dormir	Morir
dormí	morí
dormiste	moriste
d**u**rmió	m**u**rió
dormimos	morimos
dormisteis	moristeis
d**u**rmieron	m**u**rieron

Fíjate:
Esta irregularidad solo la tienen los verbos *dormir* y *morir.*

• **I › Y**

Caer	Concluir	Construir	Contribuir	Creer
caí	concluí	construí	contribuí	creí
caíste	concluiste	construiste	contribuiste	creíste
ca**y**ó	conclu**yó**	constru**yó**	contribu**yó**	cre**y**ó
caímos	concluimos	construimos	contribuimos	creímos
caísteis	concluisteis	construisteis	contribuisteis	creísteis
ca**y**eron	conclu**y**eron	constru**y**eron	contribu**y**eron	cre**y**eron

Destruir	Huir	Leer	Oír	Sustituir
destruí	hui	leí	oí	sustituí
destruiste	huiste	leíste	oíste	sustituiste
destru**yó**	hu**y**ó	le**y**ó	o**y**ó	sustitu**yó**
destruimos	huimos	leímos	oímos	sustituimos
destruisteis	huisteis	leísteis	oísteis	sustituisteis
destru**y**eron	hu**y**eron	le**y**eron	o**y**eron	sustitu**y**eron

Verbos con irregularidades propias

Dar	Ir/Ser
di	**fui**
diste	**fuiste**
dio	**fue**
dimos	**fuimos**
disteis	**fuisteis**
dieron	**fueron**

Recuerda:
Las formas de los verbos *ir* y *ser* coinciden en pretérito indefinido. Solo se distinguen por el contexto en que aparecen.

Pretérito imperfecto de indicativo

Verbos regulares

1.ª conjugación -AR CANTAR	2.ª conjugación -ER COMER	3.ª conjugación -IR VIVIR
cantaba	comía	vivía
cantabas	comías	vivías
cantaba	comía	vivía
cantábamos	comíamos	vivíamos
cantabais	comíais	vivíais
cantaban	comían	vivían

Verbos irregulares

Ser	Ir	Ver
era	iba	veía
eras	ibas	veías
era	iba	veía
éramos	íbamos	veíamos
erais	ibais	veíais
eran	iban	veían

Futuro simple de indicativo

Verbos regulares

1.ª conjugación -AR CANTAR	2.ª conjugación -ER COMER	3.ª conjugación -IR VIVIR
cantaré	comeré	viviré
cantarás	comerás	vivirás
cantará	comerá	vivirá
cantaremos	comeremos	viviremos
cantaréis	comeréis	viviréis
cantarán	comerán	vivirán

Verbos irregulares

Caber	Decir	Haber	Hacer	Poder	Poner
cabré	diré	habré	haré	podré	pondré
cabrás	dirás	habrás	harás	podrás	pondrás
cabrá	dirá	habrá	hará	podrá	pondrá
cabremos	diremos	habremos	haremos	podremos	pondremos
cabréis	diréis	habréis	haréis	podréis	pondréis
cabrán	dirán	habrán	harán	podrán	pondrán

Querer	Saber	Salir	Tener	Valer	Venir
querré	sabré	saldré	tendré	valdré	vendré
querrás	sabrás	saldrás	tendrás	valdrás	vendrás
querrá	sabrá	saldrá	tendrá	valdrá	vendrá
querremos	sabremos	saldremos	tendremos	valdremos	vendremos
querréis	sabréis	saldréis	tendréis	valdréis	vendréis
querrán	sabrán	saldrán	tendrán	valdrán	vendrán

Presente de subjuntivo

Verbos regulares

1.ª conjugación -AR CANTAR	2.ª conjugación -ER COMER	3.ª conjugación -IR VIVIR
cant**e**	com**a**	viv**a**
cant**es**	com**as**	viv**as**
cant**e**	com**a**	viv**a**
cant**emos**	com**amos**	viv**amos**
cant**éis**	com**áis**	viv**áis**
cant**en**	com**an**	viv**an**

Verbos irregulares

Irregularidades vocálicas

- **E › IE (verbos en -AR y -ER)**

Comenzar	Otros verbos
com**ie**nce	cal**e**ntar, c**e**rrar, desp**e**rtarse, n**e**gar, p**e**nsar…
com**ie**nces	
com**ie**nce	
comencemos	
comencéis	
com**ie**ncen	

Entender	Otros verbos
ent**ie**nda	enc**e**nder, p**e**rder, qu**e**rer, t**e**nder…
ent**ie**ndas	
ent**ie**nda	
entendamos	
entendáis	
ent**ie**ndan	

- **E › IE + E › I (verbos en -IR)**

Mentir	Otros verbos
m**ie**nta	conv**e**rtir, div**e**rtirse, h**e**rir, inv**e**rtir, s**e**ntir, sug**e**rir…
m**ie**ntas	
m**ie**nta	
m**i**ntamos	
m**i**ntáis	
m**ie**ntan	

- **O › UE (verbos en -AR y -ER)**

Soñar	Poder	Otros verbos
s**ue**ñe	p**ue**da	ac**o**rdarse, ac**o**starse, c**o**ntar, s**o**ler, v**o**lver…
s**ue**ñes	p**ue**das	
s**ue**ñe	p**ue**da	
soñemos	podamos	
soñéis	podáis	
s**ue**ñen	p**ue**dan	

- **O › UE + O › U**

Dormir	Otros verbos
d**ue**rma	m**o**rir
d**ue**rmas	
d**ue**rma	
d**u**rmamos	
d**u**rmáis	
d**ue**rman	

- **U › UE**

Jugar
j**ue**gue
j**ue**gues
j**ue**gue
juguemos
juguéis
j**ue**guen

- **E › I**

Pedir	Otros verbos
p**i**da	el**e**gir, r**e**írse, rep**e**tir, s**e**rvir, v**e**stirse…
p**i**das	
p**i**da	
p**i**damos	
p**i**dáis	
p**i**dan	

- **I › Y**

Construir	Otros verbos
constru**y**a	concl**u**ir, contrib**u**ir, destr**u**ir, h**u**ir…
constru**y**as	
constru**y**a	
constru**y**amos	
constru**y**áis	
constru**y**an	

Verbos con la primera persona irregular en presente de indicativo

• **Verbos en -ZC-** ***(conduzco, conozco, obedezco, produzco, traduzco)***

Conducir	Conocer	Obedecer	Producir	Traducir
condu**zc**a	cono**zc**a	obede**zc**a	produ**zc**a	tradu**zc**a
condu**zc**as	cono**zc**as	obede**zc**as	produ**zc**as	tradu**zc**as
condu**zc**a	cono**zc**a	obede**zc**a	produ**zc**a	tradu**zc**a
condu**zc**amos	cono**zc**amos	obede**zc**amos	produ**zc**amos	tradu**zc**amos
condu**zc**áis	cono**zc**áis	obede**zc**áis	produ**zc**áis	tradu**zc**áis
condu**zc**an	cono**zc**an	obede**zc**an	produ**zc**an	tradu**zc**an

Otros verbos

agradecer, crecer, desaparecer, nacer, ofrecer, parecer, reducir...

• **Otros verbos irregulares en la primera persona** ***(caigo, digo, hago, oigo, pongo, salgo, tengo, traigo, valgo, vengo)***

Caer	Decir	Hacer	Oír	Poner
caiga	**diga**	**haga**	**oiga**	**ponga**
caigas	**digas**	**hagas**	**oigas**	**pongas**
caiga	**diga**	**haga**	**oiga**	**ponga**
caigamos	**digamos**	**hagamos**	**oigamos**	**pongamos**
caigáis	**digáis**	**hagáis**	**oigáis**	**pongáis**
caigan	**digan**	**hagan**	**oigan**	**pongan**

Salir	Tener	Traer	Valer	Venir
salga	**tenga**	**traiga**	**valga**	**venga**
salgas	**tengas**	**traigas**	**valgas**	**vengas**
salga	**tenga**	**traiga**	**valga**	**venga**
salgamos	**tengamos**	**traigamos**	**valgamos**	**vengamos**
salgáis	**tengáis**	**traigáis**	**valgáis**	**vengáis**
salgan	**tengan**	**traigan**	**valgan**	**vengan**

Verbos con irregularidades propias

Haber	Ir	Saber	Ser	Ver
haya	**vaya**	**sepa**	**sea**	**vea**
hayas	**vayas**	**sepas**	**seas**	**veas**
haya	**vaya**	**sepa**	**sea**	**vea**
hayamos	**vayamos**	**sepamos**	**seamos**	**veamos**
hayáis	**vayáis**	**sepáis**	**seáis**	**veáis**
hayan	**vayan**	**sepan**	**sean**	**vean**

Verbos con cambios gráficos

• G > J	• C > Z	• Z > C	• GU > G	• G > GU	• C > QU
Coger	**Convencer**	**Cazar**	**Distinguir**	**Investigar**	**Tocar**
co**j**a	conven**z**a	ca**c**e	distin**g**a	investi**gu**e	to**qu**e
co**j**as	conven**z**as	ca**c**es	distin**g**as	investi**gu**es	to**qu**es
co**j**a	conven**z**a	ca**c**e	distin**g**a	investi**gu**e	to**qu**e
co**j**amos	conven**z**amos	ca**c**emos	distin**g**amos	investi**gu**emos	to**qu**emos
co**j**áis	conven**z**áis	ca**c**éis	distin**g**áis	investi**gu**éis	to**qu**éis
co**j**an	conven**z**an	ca**c**en	distin**g**an	investi**gu**en	to**qu**en

Dar
dé
des
dé
demos
deis
den

Fíjate:
El verbo ***dar*** lleva una tilde diacrítica en la primera y tercera personas del singular para que no se confunda con la preposición ***de***.

Estar
est**é**
est**é**s
est**é**
estemos
estéis
est**é**n

Fíjate:
El verbo ***estar*** cambia la sílaba tónica habitual del presente de subjuntivo en todas las personas del singular y la tercera del plural.

Glosario

	En mi lengua
A	
Abrazo, el	
Acordeón, el	
Acumular	
Aditivo, el	
Agua (mineral), el	
Ahorrar	
Aire, el	
Aliviado/a	
Almacenar	
Almohadilla, la	
Alojarse	
Ambiental	
Anciano/a, el/la	
Anoche	
Anteayer	
Antiguo/a	
Antivirus, el	
Anunciante, el/la	
Anuncio, el	
Apagar	
Aparato, el	
Aprobar	
Aprovechar	
Arruga, la	
Asesorar	
Aspecto, el	
Aspiradora, la	
Asustado/a	
Avance, el	
B	
Bajar la basura	
Banderola, la	
Bañador, el	
Bañera, la	
Bayeta, la	
Bello/a	
Bicicleta, la	
Biodegradable	
Boletín, el	
Bolsa, la	
Bondad, la	
Bongó, el	
Borrar	
Bosque, el	
Botella, la	
Brik, el	
Buscador, el	
Buscar	
Buzón, el	
C	
Caja, la	
Calcular	
Calefacción, la	
Calidad, la	
Cálido/a	
Calma, la	
Calor, el	
Calzado, el	
Cama, la	
Cámara, la	
Campeón/ campeona, el/la	
Campeonato, el	
Cartón, el	
Castañuelas, las	
Celebrar	
Certamen, el	
Charla, la	
Chatear	
Chimenea, la	
Ciclismo, el	
Ciclo, el	
Ciencia, la	
Circular	
Citar	
Cobrar	
Cocina, la	
Compartir	
Compra, la	
Comprar	
Conceder	
Concienciación, la	
Concienciar	
Confeccionar	
Conferencia, la	
Confuso/a	
Conocer	
Consagrado/a	
Consumir	
Consumo, el	
Contaminación, la	
Contaminante	
Contaminar	
Contenedor, el	
Contraseña, la	
Contribuir	
Convivencia, la	
Copa, la	
Copiar	
Corcho, el	
Costumbre, la	
Creativo/a	
Creativo/a, el/la	
Cultivar	
Cultura, la	
D	
Datos, los	
De repente	
Decorar	
Defecto, el	
Deportivo/a	
Desaparecer	
Desarrollarse	
Descanso, el	
Descargar	
Descomponerse	
Desconectar	
Desconfiar	
Descubrir	
Desechable	
Desechar	
Desecho, el	
Desperdicio, el	
Destacar	
Devolución, la	
Disciplina, la	
Disco, el	
Diseñar	
Diseño, el	
Disfrutar	
Dispositivo, el	
Divertirse	
Donar	
Dueño/a, el/la	
Dulces, los	
Duro/a	

En mi lengua

E

Ecología, la
Ecológico/a
Echar una mano
Efecto, el
Electrónico/a
Emigrar
Encargarse
Energía, la
Enlace, el
Enseguida
Enterarse
Entregar
Envase, el
Envejecimiento, el
Envío, el
Época, la
Equilibrado/a
Equipo, el
Equivaler
Escenario, el
Eslogan, el
Espacial
Especie, la
Espectáculo, el
Estancia, la
Estantería, la
Estatua, la
Este, el
Estrategia, la
Estrella, la
Estreno, el
Estropeado/a
Estropear
Etiqueta, la
Excepto
Excusa, la
Éxito, el
Experiencia, la
Expulsar
Extremo/a

F

Federación, la
Festival, el
Ficticio/a
Finalista, el/la
Finalizar
Físico/a
Frecuencia, la
Fregar
Frío/a
Fusión, la

G

Garantía, la
Gastos, los
Generar
Gigantesco/a
Gimnasio, el
Globo, el
Gráfico/a
Guardar
Guitarra, la

H

Hoja, la
Huella, la
Húmedo/a

I

Impacto, el
Impresión, la
Impresora, la
Imprimir
Indeciso/a
Infancia, la
Infografía, la
Inmortal
Inscribirse
Inspirar
Instrumento, el
Interactuar
Internauta, el/la
Intérprete, el/la
Intervención, la
Inversión, la
Invertir
Invierno, el

J

Jabón, el
Jardín, el
Jeringuilla, la

L

Lata, la
Lavabo, el
Lavadora, la
Leche, la
Lento/a
Libre
Licencia, la
Limpiar
Limpiar el baño/la cocina
Limpio/a
Llorar
Llover
Lluvia, la
Local (adj.)
Longevo/a
Lugar, el

M

Mando, el
Mano, tener a
Manta, la
Mantener
Mar, el
Maraca, la
Marca, la
Mascota, la
Medioambiente, el
Mediodía, el
Medir
Mencionar
¡Menos mal!
Merienda, la
Mesilla, la
Metro, el
Mientras
Minoritario/a
Molestar
Montón, un
Morir
Móvil, el

	En mi lengua
Mundial	
Mundo, el	

N

Nacer	
Naranja, la	
Natural	
Naturaleza, la	
Navegador, el	
Navegar	
Negativo/a	
Negocio, el	
Nevar	
Nevera, la	
Niebla, la	
Nieve, la	
¡No me digas!	
Norte, el	
Nota (de un examen), la	
Noticia, la	
Novio/a, el/la	
Nube, la	
Nublado/a	
Nunca	

O

Objetivo, el	
Océano, el	
Oeste, el	
Oferta, la	
Opinión, la	
Orden, la	
Ordenador, el	
Oreja, la	
Orgánico/a	
Organizar	
Origen, el	
Otoño, el	

P

	En mi lengua
Pagar	
Página, la	
Página web, la	
Pan, el	
Panorama, el	
Pantalla, la	
Pañal, el	
Papel, el	
Parchís, el	
Pared, la	
Pasar la aspiradora	
Pasillo, el	
Paso, el	
Percusión, la	
Periodo, el	
Permiso, el	
Personaje, el	
Pesadilla, la	
Pingüino, el	
Piscina, la	
Planeta, el	
Planta, la	
Plato, el	
Playa, la	
Política, la	
Polución, la	
Poncho, el	
Poner en marcha	
Portada, la	
Portátil, el	
Practicar	
Premio, el	
Prenda, la	
Primavera, la	
Privacidad, la	
Producir	
Producto, el	
Prohibir	
Promocionar	
Propuesta, la	
Protagonista, el/la	
Proteger	
Público, el	
Puerta, la	

Q

¡Qué me dices!	
Quitar el polvo	
Quizá(s)	

R

	En mi lengua
Raro/a	
Realizar	
Reciclable	
Reciclado/a	
Reciclaje, el	
Reciclar	
Recomendar	
Recuerdo, el	
Recuperar	
Red social, la	
Reembolso, el	
Refrescante	
Refresco, el	
Regalar	
Regalo, el	
Renovable	
Reparar	
Reputación, la	
Reservar	
Residuo, el	
Reutilizar	
Ritmo, el	
Robar	
Rogar	
Rondador, el	
Ropa de cama, la	
Rostro, el	
Rural	

S

Sábana, la	
Sagrado/a	
Salón, el	
Salud, la	
Saludable	
Sano/a	
Satisfecho/a	
Sección, la	
Seco/a	
Seguidor/a, el/la	
Separar	
Serie, la	
Sierra, la (ref. a la montaña)	
Siglo, el	
Síntesis, la	
Sitio web, el	
Social	
Sociedad, la	
Socio/a, el/la	
Sofá, el	

	En mi lengua
Sol, el	
Solo/a	
Son, el	
Sorprender	
Sostener	
Sostenible	
Suave	
Subir (a la red)	
Suceso, el	
Sucio/a	
Suelo, el	
¡(Buena/Mucha) Suerte!	
Surgir	

T

	En mi lengua
Tapón, el	
Taza (del váter), la	
Techo, el	
Tejido, el	
Temperatura, la	
Templado/a	
Tener en cuenta	
Tener (muchas) ganas de	
Terrestre	
Tierra, la	
Tirar	
Titular, el	
Toalla, la	
Tocar	
Tolerante	
Tomar la palabra	
Tomar nota	
Tormenta, la	
Tóxico/a	
Tranquilidad, la	
Tranquilo/a	
Tremendamente	
Trozo, el	
Tuit, el	

U

	En mi lengua
Uso, el	
Usuario/a, el/la	

V

	En mi lengua
Vanguardismo, el	
Vaso, el	
Vecino/a, el/la	
Vegetariano/a	
Veraniego/a	
Verano, el	
Verdura, la	
Videojuego, el	
Vidrio, el	
Viento, el	
Visión, la	
Visita, la	
Visitar	
Votar	

Y

	En mi lengua
Yogur, el	

Z

	En mi lengua
Zumo, el	

Créditos fotográficos

UNIDAD 6: ¿Cómo era antes?

Pág. 96: Boda real: Hans Christiansson, Shutterstock.com; Carrera: Stefan Holm, Shutterstock.com. **Pág. 101:** Gameboy: v74, Shutterstock.com. **Pág. 103:** Sony PlayStation 4 Slim: Artem Zarubin, Shutterstock.com. **Pág. 105:** Sagrada Familia: Mapics, Shutterstock.com; Museo Guggenheim: Matyas Rehak, Shutterstock.com; Ciudad de las Artes y las Ciencias: FCG, Shutterstock.com. **Pág. 108:** IPod 80 GB: Cesare Andrea Ferrari, Shutterstock.com.

UNIDAD 7: Dentro de 50 años

Pág. 111: Julia Roberts: Joe Seer, Shutterstock.com. **Pág. 112:** Bicicletas recicladas: por cortesía de http://supercheria.es/blog/reciclaje-upcycling/. **Pág. 115:** Mercadillo: Paul McKinnon, Shutterstock.com. **Pág. 122:** Kursaal: Alberto Loyo, Shutterstock.com; Anahí Berneri: Jorge Fuembuena, por cortesía del Festival de San Sebastián. **Pág. 123:** Foto premiados 65.ª edición: Montse Castillo, por cortesía del Festival de San Sebastián; Penélope Cruz y Javier Bardem: Pablo Gómez, por cortesía del Festival de San Sebastián; El Kursaal en cifras: Ulises Proust, por cortesía del Festival de San Sebastián.

UNIDAD 8: En línea

Pág. 128: TV vintage: Paolo Bona, Shutterstock.com. **Pág. 130:** Paneles publicitarios: Lissandra Melo, Shutterstock.com; Móvil Instagram: PixieMe, Shutterstock.com. **Pág. 138:** Amazon: Sundry Photography, Shutterstock.com; eBay: StockStudio, Shutterstock.com; Zalando: Ulf Wittrock, Shutterstock.com. **Pág. 140:** Televisores antiguos: Take Photo, Shutterstock.com; Cartel original de la Copa Mundial de Fútbol 82: https://www.pinterest.es/pin/340866265541140423/; Danone: Casimiro PT, Shutterstock.com; Simca 1000: Sibuet Benjamin, Shutterstock.com; Logo ColaCao: ColaCao (Idilia Foods) - https://www.colacao.es/, dominio público, https://upload.wikimedia.org/wikipedia/commons/f/f1/Cola_Cao_Logo.png. **Pág. 141:** Bolígrafos Bic: Vangelis_Vassalakis, Shutterstock.com; Logo de Nocilla: Marca Nocilla - http://www.brandemia.org/nocilla-redisena-su-logo-y-su-envase-en-una-vuelta-a-sus-origenes/, dominio público, https://upload.wikimedia.org/wikipedia/commons/1/16/Logo_de_Nocilla.jpg; Tapón de la Casera: Pepe Martorell - Trabajo propio, CC BY-SA 4.0, https://commons.wikimedia.org/w/index.php?curid=10380334; Modelo de Adolfo Domínguez: catwalker, Shutterstock.com. **Pág. 142:** Logos redes sociales: solomon7, Shutterstock.com.

UNIDAD 9: Compartir espacios

Pág. 158: Gloria Estefan: s_bukley, Shutterstock.com. **Pág. 159:** Juan Luis Guerra: Miguel Campos, Shutterstock.com; Chavela Vargas: Miguel Campos, Shutterstock.com; Julieta Venegas: Kathy Hutchins, Shutterstock.com; Marc Anthony: Everett Collection, Shutterstock.com; Ricky Martin: Everett Collection, Shutterstock.com; Shakira: DFree, Shutterstock.com.

UNIDAD 10: Rebobinamos

Pág. 168: Teléfono móvil: Wachiwit, Shutterstock.com. **Pág. 173:** España: FCG, Shutterstock.com. **Pág. 177:** Mariachis: Kobby Dagan, Shutterstock.com; Gloria Estefan: Jaguar PS, Shutterstock.com.